MIRIAM GARCÍA

sin azúcar
ni mantequilla

Los mejores dulces que
uno pueda imaginar

D0707420

Grijalbo

Papel certificado por el Forest Stewardship Council®

Primera edición: enero de 2020

© 2020, Miriam García Martínez, por el texto y las fotografías
© 2020, Penguin Random House Grupo Editorial, S.A.U.
Travessera de Gràcia, 47-49. 08021 Barcelona

Penguin Random House Grupo Editorial apoya la protección del copyright.
El copyright estimula la creatividad, defiende la diversidad en el ámbito de las ideas y el conocimiento,
promueve la libre expresión y favorece una cultura viva. Gracias por comprar una edición autorizada
de este libro y por respetar las leyes del copyright al no reproducir, escanear ni distribuir ninguna parte
de esta obra por ningún medio sin permiso. Al hacerlo está respaldando a los autores y permitiendo
que PRHGE continúe publicando libros para todos los lectores. Diríjase a CEDRO (Centro Español de
Derechos Reprográficos, http://www.cedro.org) si necesita fotocopiar o escanear algún fragmento de
esta obra.

Printed in Spain – Impreso en España

Compuesto por: Reginald

ISBN: 978-84-17752-55-2
Depósito legal: B-22.396-2019

Impreso en Gráficas Estella
Villatuerta (Navarra)

DO 5 2 5 5 2

Penguin
Random House
Grupo Editorial

sin azúcar ni mantequilla

NO LONGER PROPERTY Of
SEATTLE PUBLIC LIBRARY

A Su de Webos Fritos, ya sabe ella por qué.

A Paula y Ari, las primeras que pensaron que yo
era capaz de escribir un libro de recetas.

A Pam, por lo mucho que he aprendido de ella,
de la vida también.

A mi familia, porque me apoyan aunque no
entiendan nada.

A D., porque... por todo.

A mis churumbeles, porque con ellos, este libro
y algún árbol que he plantado se supone que ya
puedo morirme tranquila.

A mis amigas de María Lunarillos, por cederme
amablemente su maravilloso menaje.

Índice

Prólogo de Susana Pérez........................ 8

Introducción.................................... 10

Elaboraciones básicas......................... 26

Recetas para chuparse los dedos 36

Tartas, pasteles y postres con fruta **40**

Galette de uvas y algarroba.............. 42

Minitartas tatin de ciruelas 44

Manzanas asadas con yogur griego 46

Peras con naranja y té 48

Tartitas fáciles de manzana 50

Tarta de plátano 52

Galette de peras y vainilla 54

Dobladillos de cerezas y manzana 56

Minicrumbles con frutos rojos 58

Clafoutis de cerezas integral 60

Minitartas de manzana y frutos rojos ... 62

Tartaletas de yogur y frutas 64

**Galletas y chocolates integrales
y saludables** **66**

Cantuccini o carquiñoles integrales 68

Galletas de manteca de frutos secos
con pepitas de chocolate 70

Shortbread de aceite 72

Trufas de cacao y dátiles 74

Galletas de aguacate con pepitas
de chocolate 76

Galletas de tahini y chocolate 78

Galletas de dátiles y pasas 80

Rocas de chocolate y frutos secos 82

Polvorones de almendra con aceite 84

Galletas de avena y manzana 86

Galletas digestivas integrales 88

Desayunos y tentempiés **90**

Tortitas de manzana al estilo
centroeuropeo 92

Granola sin azúcar 94

Barritas energéticas sin azúcar 96

Crema de chocolate y avellanas
sin azúcar 98

Chips de fruta deshidratada 100

Cacao en polvo para la leche 102

Tortitas de plátano 104

Crepes integrales sin azúcar 106

Barritas de manzana y avena 108

Gofres fáciles de manzana 110

Gachas de avena con fruta 112

Bizcochos y magdalenas ligeros 114

Bizcocho sencillo de dátiles y yogur 116

Magdalenas de centeno y manzana 118

Mug cake o bizcotaza de chocolate 120

Bizcocho de manzana y yogur 122

Bizcocho de zanahoria y canela 124

Bizcocho de melocotón y almendra 126

Financiers de centeno 128

Bizcocho de remolacha y chocolate 130

Magdalenas de plátano y aguacate 132

Brownies de aguacate y dátiles 134

Bizcocho de calabacín y semillas 136

Magdalenas de naranja 138

Masas fermentadas dulces y bollería ligera 140

Pan integral con harina de castaña....... 146

Pan de molde con canela................. 148

Scones integrales de arándanos y semillas 150

Tortas de aceite y anís 152

Bollitos de naranja y anís 154

Bizcocho panadero integral 156

Muffins ingleses integrales............. 158

Gofres a la antigua 160

Molletes integrales a mi manera 162

Panecillos suecos integrales........... 164

Crumpets integrales en sartén......... 166

Helados y sorbetes ligeros 168

Polos de plátano y crema de avellanas y chocolate 170

Helado de vainilla sin azúcar (base clásica endulzada con edulcorante)...... 172

Granizado de café 174

Helado de yogur y frutos rojos 176

Granizado de naranja 178

Helado de aguacate 180

Polos de yogur y mango............... 182

Helado de yogur, manteca de frutos secos y dátiles 184

Sorbete de mango y piña............... 186

Bibliografía 188

Índice de ingredientes 190

Prólogo

Conocí a Miriam hace muchos años. En el año 2010 casualmente encontré en internet una receta de su blog, *El invitado de invierno*, y lo primero que pensé es que la imagen era un precioso cuadro que ilustraba la receta. Luego me di cuenta de que era una fotografía, y descubrí que ella además de la cocinera era la fotógrafa. El contenido estaba muy bien escrito, claro y estructurado y, además, cuando hice la receta me salió a la primera, y eso se llama fiabilidad. Desde ese mismo momento fui —y sigo siendo— admiradora de su trabajo y, por determinadas circunstancias, amiga también.

Hace unos años me comentó que acababa de ser diagnosticada como prediabética. Entonces supe que ella lograría conseguir los mejores dulces sin azúcar que uno pueda imaginar. Muchas veces pensamos que son solo modas, pero cuando tienes un caso como el de ella descubres la búsqueda permanente de los beneficios para la salud y de un estilo de vida saludable.

Me encanta ver cómo en cada cosa que hace asoma su lado riguroso, como química de formación que es, manteniendo a la vez una claridad que hace que los demás trabajemos en sus recetas sobre seguro. Ella ha sido mi maestra en el uso de edulcorantes bajos en calorías o con cero calorías para el horneado, por eso me hizo mucha ilusión cuando supe que su trabajo se vería reflejado en un libro: sé que será apreciado por todos nosotros, y que disfrutaremos en cada página de la excelencia que imprime a todo lo que hace.

Desde el mismo momento en que se puso a trabajar en él me ha ido explicando con su rigor característico todos los temas que quería tratar, desglosando en esas primeras palabras el esquema final casi definitivo en el que ha quedado estructurado el libro. En esos primeros compases, con las ideas tan claras que tenía, yo sabía que el resultado sería perfecto.

Además de un montón de buenas recetas para desayunos o tentempiés, de tartas y pasteles con fruta, de galletas integrales, bizcochos y magdalenas ligeros, deliciosos sorbetes y helados, hay un capítulo que personalmente me apasiona: el de las masas fermentadas dulces y bollería ligera, con consejos muy necesarios para los que nos gusta este tipo de recetas. Hay también muchas recomendaciones para tener éxito en su elaboración sin pasar por el tedioso proceso de prueba y error, necesario cuando uno no tiene una guía que le ayude en el complicado mundo del «sin azúcar».

Sé que en cuanto te sientes en el sofá con este libro en tus manos lo primero que vas a hacer es recorrer sus hojas en estado de fascinación, disfrutando de esta cuidada edición y pensando que esta mujer en vez de cámara de fotos tiene un pincel entre sus dedos. Y a continuación saldrás corriendo a la cocina a ponerte un delantal y a hacer, como un reto maravilloso, todas las recetas del libro.

¿Que cómo lo sé? Tengo una edad, mucho trabajado y visto, y eso es siempre garantía de saber cuándo hay un disfrute seguro.

SUSANA PÉREZ
webosfritos.es

Introducción
—■—

Mi historia personal

Además de ser una entusiasta de la gastronomía y de la cocina en general, estoy diagnosticada de prediabetes o diabetes, según a qué médico le pregunte, desde el año 2015. Esto me ha llevado a interesarme vivamente por la cocina ligera y sin azúcar, aunque solo sea por darme un capricho de vez en cuando.

Vaya por delante que no soy ni médico ni dietista-nutricionista, por lo que no puedo ser una experta en salud y nutrición ni lo pretendo, pero sí soy química y gastrónoma, me preocupo de documentarme sobre las cuestiones de las que escribo, lo mejor que puedo y sé, e intento aplicar todo el sentido común de que dispongo.

Según la Real Academia Española, gastrónomo/ma significa:
   1. m. y f. Persona experta o entendida en gastronomía.
   2. m. y f. Persona aficionada al buen comer.

Lo mío es la segunda acepción, sin duda y sobre todo.

Intento cuestionarme las afirmaciones de peluquería y de puerta del colegio, porque se transmiten muchos bulos y mitos sin ningún fundamento, y por no molestarnos en buscar información en fuentes fiables se repiten tontunas hasta la saciedad. Que yo sepa, nada es verdad hasta que lo certifica la ciencia, que es un instrumento muy imperfecto, pero es el mejor que tenemos. Voy a intentar no afirmar en este libro nada que no esté respaldado por algún artículo científico. Y si se demuestra algún día que el científico en cuestión estaba equivocado, pues le pedís a él responsabilidades... ejem.

Cómo son las recetas que vas a encontrar en este libro: declaración de intenciones

Esta colección de recetas se basa en los siguientes conceptos generales:
   1. No replico exactamente la repostería habitual con ingredientes más saludables, primero porque es francamente difícil y segundo porque hay otras formas de comer con elementos menos dulces y menos grasos. Prefiero transformar los dulces en algo más... razonable y lógico. Es decir, no te vas a encontrar Bollycaos ligeros.

   2. Elimino el azúcar, quitándolo sin más o usando otro tipo de endulzantes, desde ingredientes con dulzor natural hasta edulcorantes, tanto naturales (como la estevia) como artificiales, que, a día de hoy, se consideran inocuos. El matiz de «a día de hoy» es importante, puesto que aún quedan por conocer a fondo muchos aspectos de la alimentación humana que hacen que azúcares que se consideraban un buen sustituto del azúcar común o sacarosa hace tan solo unos años, como es el caso de la fructosa o azúcar de fruta, hayan dejado de serlo tras un estudio más detallado de su metabolización. Sí, uso algunos edulcorantes artificiales. Porque algunos llevan décadas con nosotros y ningún estudio científico serio ha podido demostrar que sean nocivos en cantidades de consumo normal, extremo que sí se ha demostrado con el azúcar, y además los hay con un índice glucémico cero. No, **la miel, el azúcar moreno, el azúcar de coco** y **los siropes como el de agave o el de arce** no son sustitutos inofensivos o más saludables que el azúcar común, sino que por su composición son prácticamente igual de nocivos. No lo digo yo, lo dicen estudios científicos de los que tienes referencias al final del libro. Si encuentras algún estudio científico serio que avale el uso de estos endulzantes, y que no haya sido costeado por su fabricante o comercializador, me lo mandas; no tendré ningún inconveniente en rectificar, que es de sabios.

3. La decisión de usar un edulcorante u otro en las recetas responde a si el añadido de un edulcorante líquido como la estevia, el edulcorante que prefiero emplear, afectaría a la consistencia o no, y a cómo afecta el edulcorante al sabor del dulce en cuestión. Hay dulces con un sabor tan intenso que admiten cualquier edulcorante, pero con otros de sabor más delicado hay que ser más cautos. En cualquier caso, el uso de un edulcorante u otro obedece fundamentalmente a mi preferencia personal, pero cuando es posible usar varios indistintamente siempre lo indico.

4. En las recetas uso siempre que puedo harinas integrales. Las harinas integrales son más pesadas que las harinas blancas y hay dulces clásicos prácticamente imposibles de adaptar con harina integral. Las harinas refinadas están en el punto de mira de los nutricionistas desde hace ya algún tiempo, pues su efecto en la glucosa de la sangre es casi tan intenso como el del azúcar común, por lo que a día de hoy recomiendan consumir la harina solo en forma integral y, además, con moderación.

5. Elimino la mantequilla (y la nata cuando considero que es posible), y la sustituyo por grasas más saludables, como el aceite de oliva que tenemos tan a mano, o algún otro artificio para dar jugosidad, como la compota de manzana o las mantecas de frutos secos. En general, evito usar grasas que haya que traer del último confín del planeta como el aceite de coco y que no son nutricionalmente mejores que el aceite de oliva. Y punto pelota.

6. No elimino los huevos. El mantra de que los huevos aumentan el colesterol es un mito que hace años que se ha desterrado, aunque algunos médicos no estén actualizados en esta cuestión y sigan prohibiendo los huevos a muchos pacientes. Formular dulces sin huevos solo tiene sentido si quieres seguir una dieta vegana (fin perfectamente respetable), les tienes alergia o te apetece experimentar.

7. Evito usar alcohol. A muchos dulces les va de miedo algún alcohol, como el vino dulce, el ron, etc., pero no tiene sentido quitar el azúcar y dejar el alcohol, que es tanto o más nocivo (por mucho que en parte se evapore en la cocción). Aunque sois libres de añadir una pizca de vez en cuando... juraré que nunca he dicho esto.

8. Evito coberturas dulces y pringosas en lo posible. Soy bastante poco partidaria de las coberturas y salsas que añaden dulzor y poco más, creo que es una costumbre bastante nociva que procede de los Estados Unidos en gran parte, y que no deberíamos adoptar porque consiste en añadir aún más calorías vacías. Si el dulce en cuestión está bien formulado y resulta sabroso, no hace falta ningún añadido.

9. No sustituyo otros ingredientes que no sean el azúcar y la mantequilla. La cocina vegana y paleo, entre otras, han puesto de moda la sustitución de multitud de ingredientes animales por otros que defienden como más sanos o más éticos. No tengo ninguna objeción, solamente quiero aclarar que ese no es el objeto de este libro. Este recetario no está pensado para veganos, vegetarianos, observadores de la dieta paleo, ni personas con intolerancias o alergias, entre otras personas con necesidades dietéticas especiales, porque para recomendar o prohibir alimentos a personas con dietas especiales o problemas médicos hay que ser médico o nutricionista, y no lo soy.

Muchas de las recetas son veganas, pero es algo que aparece como efecto colateral si decides prescindir de la mantequilla.

Por lo tanto y en conclusión:

Los dulces recogidos en este libro son austeros y sencillos, como los que se prepararían en tiempos pretéritos cuando no había la disponibilidad de azúcar que tenemos ahora, ni siquiera de miel. Pero eso no quita para que estén deliciosos...

Me encantaría que considerases este recetario como punto de partida para experimentar. Mi propósito es ofrecer un surtido de fórmulas que puedas modificar a tu gusto, sin miedo, y donde lo importante es aprender con qué tipo de ingredientes y proporciones es posible preparar dulces estupendos que no se conviertan en un remordimiento de conciencia para toda la semana.
Y me gustaría transmitir que, en cualquier caso, este tipo de alimentos se deben consumir de forma esporádica, sí, incluso este tipo de dulces sin azúcar ni mantequilla (porque aunque pongas el mayor cuidado en formularlos no tienen el mejor perfil nutricional posible). Salvo honrosas excepciones, conviene verlos siempre como caprichos para una ocasión especial.
Y no, ni los dulces con fruta cuentan como fruta ni los bizcochos de zanahoria como verdura...

Aviso a navegantes

No soy partidaria de los alimentos traídos de las antípodas solo porque suenen exóticos. Además, como no estamos familiarizados con ellos, nos pueden engañar con sus supuestas propiedades casi milagrosas. Sus alabanzas siempre las canta, oh, sorpresa, quien los vende.

Hago una excepción con las semillas de chía, que permiten preparaciones difíciles de hacer con otros ingredientes si eliminamos el azúcar, como mermeladas de frutas. Además, la cantidad de semillas necesaria es muy pequeña. También es una excepción el uso del aguacate, ingrediente que se nos ha hecho muy familiar, aunque solo una pequeña parte del que encontramos en los comercios proceda de latitudes cercanas. En ocasiones uso anacardos porque me chiflan, pero intento circunscribir mi consumo de frutos secos a los que encontramos no muy lejos de aquí: nueces, avellanas, castañas, piñones y almendras.

Ya sé lo que me vas a decir: ¿y el cacao, querida? Que no lo cultivan en Albacete precisamente... Una no puede ser coherente las 24 horas del día, 365 días al año, que yo también soy humana, recórcholis.

El problema del azúcar

Antes de entrar en materia me interesa aclarar el uso de los términos «edulcorante» y «endulzante», que usaré con profusión a lo largo del libro y que pueden inducir a confusión.
Sobre edulcorante dice la Real Academia Española:
1.   adj. Que edulcora.
2.   m. Sustancia que edulcora los alimentos o medicamentos.

Endulzar significa «hacer dulce algo», sin más. A pesar de que para la Real Academia edulcorante es cualquier sustancia que edulcora o endulza, para no confundir al lector, en el libro usaré edulcorante con el sentido al que estamos más acostumbrados: toda aquella sustancia que no haya sido de uso común para endulzar en nuestra cultura, es decir, todo lo que no sea azúcar, azúcar moreno o miel.

Entrando en materia... hay suficientes pruebas científicas de que el azúcar común o sacarosa es nocivo para nuestra salud.

La Organización Mundial de la Salud (OMS) a día de hoy nos dice:[1]

Una dieta sana incluye:

> [...] Menos del 10 % de la ingesta calórica total, que equivale a 50 gramos (o unas 12 cucharaditas rasas) en el caso de una persona con un peso corporal saludable que consuma aproximadamente 2.000 calorías al día, aunque para obtener beneficios de salud adicionales lo ideal sería un consumo inferior al 5 % de la ingesta calórica total. Los azúcares libres son todos aquellos que los fabricantes, los cocineros o el propio consumidor añaden a los alimentos o las bebidas, así como los azúcares naturalmente presentes en la miel, los jarabes, y los zumos y concentrados de frutas;

---

[1] OMS, «Nota descriptiva sobre alimentación sana», <https://www.who.int/es/news-room/fact-sheets/detail/healthy-diet>.

Y también:[2]

> Las recomendaciones para reducir la ingesta de azúcares libres a lo largo del ciclo de vida se basan en el análisis de los últimos datos científicos. Estos datos muestran, en primer lugar, que los adultos que consumen menos azúcares tienen menor peso corporal y, en segundo lugar, que el aumento de la cantidad de azúcares en la dieta va asociado a un aumento comparable del peso. Además, las investigaciones evidencian que los niños con los niveles más altos de consumo de bebidas azucaradas tienen más probabilidades de padecer sobrepeso u obesidad que aquellos con un bajo nivel de consumo de este tipo de bebidas.
> La recomendación se apoya además en datos que evidencian que un consumo de azúcares libres superior al 10 % de la ingesta calórica total produce tasas más elevadas de caries dental que un consumo inferior al 10 % de la ingesta calórica total.

Dada la calidad de los datos probatorios, la OMS califica estas recomendaciones como «firmes»: pueden ser adoptadas como políticas en la mayoría de los contextos.

La denominación de azúcar libre o de azúcar intrínseco depende en realidad, respectivamente, de si los azúcares están listos para pasar a nuestra sangre casi de inmediato, con una digestión mínima, o no.

- Los **azúcares intrínsecos** se encuentran en los alimentos en compañía de fibra y otros componentes, de manera que:

  - no entran con rapidez en el torrente sanguíneo (provocando el consiguiente pico de azúcar), porque **tenemos que digerirlos primero junto con todo lo que los acompaña** (fibra, etc.) y eso nos lleva un rato,

  - la entrada de la glucosa derivada de estos alimentos en nuestra sangre **es gradual**,

  - según indican los estudios científicos a día de hoy, esto no nos perjudica.

- Por contra, los **azúcares libres apenas necesitan digestión**, por lo que:

  - aparecen en nuestra sangre con gran rapidez, casi de golpe,

  - ocasionan una subida puntual (un pico) de azúcar en sangre,

  - estas subidas, como indican los estudios científicos a día de hoy, están relacionadas con una mayor incidencia de diabetes y enfermedades cardiovasculares.

---

[2] OMS, «Nota informativa sobre la ingesta de azúcares recomendada en la directriz de la OMS para adultos y niños», <https://www.who.int/nutrition/publications/guidelines/sugar_intake_information_note_es.pdf?ua=1>.

Sí, vuelvo a citar a la OMS:[3]

> Las recomendaciones contenidas en la directriz se centran en los efectos documentados para la salud que produce la ingesta de «azúcares libres». Estos (los azúcares libres) incluyen los monosacáridos y los disacáridos añadidos a los alimentos por los fabricantes, los cocineros o los consumidores, así como los azúcares presentes de forma natural en la miel, los jarabes, los jugos de fruta y los concentrados de jugo de fruta.

> Los azúcares libres se diferencian de los azúcares intrínsecos en que estos últimos se encuentran en las frutas y las verduras enteras frescas. Como no hay pruebas de que el consumo de azúcares intrínsecos tenga efectos adversos para la salud, las recomendaciones de la directriz no se aplican al consumo de los azúcares intrínsecos presentes en las frutas y las verduras enteras frescas.

Más claro, el agua.

Las calorías de los alimentos

El valor calórico de un alimento expresa la cantidad de energía que proporciona al quemarse en presencia de oxígeno. Esta energía que desprende un alimento al quemarse físicamente se mide en calorías.

Una caloría es la cantidad de calor necesario para aumentar un grado la temperatura de un gramo de agua. Como su valor es pequeño, en dietética se toma como medida la **kilocaloría** (1 Kcal = 1.000 calorías). Existe cierta confusión porque con frecuencia, para abreviar, a las kilocalorías se las llama Calorías, con mayúscula. ¿Esto qué significa? Que cuando se dice que un alimento tiene 100 Calorías, implica que dicho alimento es capaz de proporcionar 100 kilocalorías por cada 100 g de su peso.

Los grupos principales de nutrientes capaces de proporcionarnos energía, los hidratos de carbono (o azúcares en una expresión más común), los lípidos o grasas, y las proteínas, tienen todos un valor calórico más o menos uniforme dentro de cada grupo. Es habitual considerar unos valores estándar:

- 4 calorías por gramo de hidratos de carbono,
- 4 calorías por gramo de proteínas y
- 9 calorías por gramo de grasa.

Recordemos que no todos los alimentos que ingerimos se queman para producir energía, sino que una parte de ellos se usa para reconstruir las estructuras del organismo o facilitar las reacciones químicas necesarias para el mantenimiento de

---

[3] OMS, «Nota informativa sobre la ingesta de azúcares recomendada en la directriz de la OMS para adultos y niños», <https://www.who.int/nutrition/publications/guidelines/sugar_intake_information_note_es.pdf?ua=1>.

la vida. Las vitaminas y los minerales, así como los oligoelementos, el agua y la fibra se considera que no aportan calorías.

Índice glucémico

El índice glucémico es un parámetro que apareció en los años ochenta para ayudar a los diabéticos a controlar lo que comen. La glucemia es la concentración de la glucosa en nuestra sangre, que debe mantenerse por encima de un nivel mínimo, puesto que *la glucosa es la gasolina de las células*, para que no estiremos la pata. Pero también debe estar por debajo de un máximo para no perjudicarnos y, asimismo, no variar abruptamente porque parece que nuestro cuerpecillo puede perder un poco el norte.

Los hidratos de carbono son el nutriente que más rápidamente hace variar nuestro nivel de glucosa en sangre.

La sacarosa o azúcar común es un azúcar simple constituido por una molécula de glucosa y otra de fructosa, el azúcar más abundante en las frutas. Los hidratos de carbono complejos, entre ellos el almidón, que contienen las harinas en abundancia y el que tiene mayor presencia en los dulces tradicionales, también contribuyen a elevar el nivel de glucosa en la sangre, pero con algo más de lentitud que los azúcares simples.

Los científicos llevan décadas midiendo el efecto que producen los distintos endulzantes en nuestro cuerpo en función de la velocidad a la que se convierten en glucosa y pasan al torrente sanguíneo en esta forma. La velocidad a la que sube la glucemia se ha denominado *índice glucémico* (IG en abreviatura) y es un valor relativo que se da *en referencia a la velocidad de asimilación de la glucosa pura, a la que se ha asignado un valor arbitrario de 100*. Es decir, que cuando comes glucosa pura tienes una subida de la glucosa en sangre a la que se le asigna el valor de 100 (pues es el azúcar que más rápido se asimila: no requiere transformarse ni digerirse de ninguna manera, ya que se utiliza tal cual en nuestras células) y el efecto del resto de los alimentos se mide en función de ese máximo (destripe: su IG siempre será menor que el de la glucosa pura).

También existe otro parámetro que ayuda a cuantificar el efecto de los azúcares en el aumento de la glucemia: la carga glucémica, una medida de la magnitud (no la velocidad) del aumento de esa glucemia.

Calorías frente a índice glucémico

Ahora que hemos visto qué son estos parámetros, podemos relacionarlos.

1. Imagina que consumes en cada comida una cantidad de copos de cereal con azúcar que equivale a 200 Calorías (porque es lo que proporciona el alimento al quemarlo, físicamente). No obstante, su índice glucémico es 93. Recuerda que la glucosa, que aparece casi instantáneamente en la sangre al ingerirla, tiene un IG de 100, mientras que el azúcar común o sacarosa tiene un IG de 65, para que te sitúes.

2. Puedes consumir también una ración de hummus equivalente a 200 Calorías en lugar de los cereales, que en teoría le proporcionaría a tu cuerpo la misma cantidad de energía; sin embargo, el hummus tiene un IG de 6. Muy bajo.

3. Pues bien, la ciencia nos dice que a igualdad de contenido energético la ingesta continuada de cereales azucarados con ese IG puede perjudicar a nuestra salud mucho más.

4. Aunque la conducta humana es muy compleja, cuando sabemos que un alimento tiene un índice glucémico bajo, como puede ser el caso de las legumbres y los frutos secos, es posible que nos atiborremos de él. Y, aunque no suba nuestro azúcar en sangre, con las consecuencias negativas que ya he apuntado, las calorías no desaparecen, ojo.

Los azúcares naturales

Tengo una mala noticia: *casi todos los azúcares que se venden hoy día como naturales y milagrosos son tan nocivos como el azúcar de mesa o sacarosa*, en esencia porque su contenido en nutrientes es casi anecdótico frente al contenido en azúcares; una cosa no contrarresta a la otra. Es como si dijéramos que el licor de crema de café es beneficioso porque tiene lácteos... en fin.

Los alimentos no son buenos o malos a priori por ser naturales o artificiales, refinados o sin refinar. Tampoco el refino de determinados alimentos como el azúcar introduce impurezas peligrosas que nos perjudiquen. Las setas venenosas son naturales y la toxina botulínica que te puede matar en tiempo récord la produce una bacteria, un ser muy natural, ella también.

Los alimentos o ingredientes buenos alcanzan este estatus porque han pasado una serie de pruebas; muchos, los conocidos desde más antiguo, la prueba del tiempo, y los más modernos, pruebas de laboratorio exigidas por multitud de organismos que, en el primer mundo, cuidan de que no nos envenenemos.

Otra cuestión es que el patrón de la alimentación humana varía con el tiempo y cuando, como es el caso del azúcar, empezamos a ingerir algunos ingredientes en cantidades muy superiores a las habituales en otras épocas, se descubre que tienen efectos que antes no se conocían o no se identificaban.

En los últimos años, para nuestra desgracia, todo apunta a que consumimos mucho más azúcar del que nos conviene, por lo que debemos plantearnos reducir esa ingesta.

Podemos contemplar diversas estrategias para tomar menos azúcar:

1. *Eliminarlo sin más.* Pero estamos tan acostumbrados a él que es como quitarse de fumar radicalmente de un día para otro. Sin embargo, es aconsejable acostumbrarse a alimentos menos dulces. Y también a consumir menos alimentos ultraprocesados, que llevan azúcar en cantidades pasmosas.

2. Usar en nuestros dulces *ingredientes con dulzor natural*, como las frutas (frescas y secas), los frutos secos, sus leches y harinas, y la harina de algarroba, por poner unos ejemplos.

3. Reducir siempre la cantidad de azúcar común cuando preparemos recetas dulces y consumir dulces muy de vez en cuando y en ocasiones especiales. *Olvídate de tomar dulces con sacarosa, el azúcar común, todos los días para desayunar, merendar y picotear.*

4. Usar *edulcorantes de eficacia e inocuidad probadas* para sustituir al azúcar, como sucralosa o estevia, ambos de índice glucémico nulo (hoy en día existen formulaciones mixtas muy interesantes, con índices glucémicos muy bajos, por ejemplo de estevia con xilitol).

Según los expertos, lo ideal es eliminar el gusto por el azúcar, sin más. Pero si necesitas una fase intermedia de desenganche o darte un gustillo de vez en cuando, tienes los dulces de este libro.

Los edulcorantes, en general

Como he comentado anteriormente, según la Real Academia, **edulcorante es todo lo que endulza**, incluido el azúcar común. Por ello, para identificar con algo más de exactitud de qué estamos hablando, en esta sección uso la coletilla *bajo en calorías o acalórico.*

En el siguiente cuadro tienes un resumen de los edulcorantes naturales, artificiales, calóricos y acalóricos, que se encuentran en el mercado con mayor frecuencia.

Calóricos	**Naturales**	**Azúcares**	Sacarosa, glucosa, dextrosa, fructosa, lactosa, maltosa, galactosa, trehalosa, tagatosa, Sucromalat
		Edulcorantes naturales calóricos	Miel, sirope de arce, azúcar de palma o de coco, jarabe de sorgo
	Artificiales	**Azúcares modificados**	Jarabe de maíz de alto contenido en fructosa, caramelo, azúcar invertido
		Polioles	Eritritol, glicerol, isomaltulosa, lactitol, maltitol, manitol, sorbitol, xilitol (azúcar de abedul)
Acalóricos	**Naturales**	**Edulcorantes naturales sin calorías**	Estevia, taumatina, pentadina, monelina, brazzeina
	Artificiales	**Edulcorantes artificiales**	Aspartamo, acesulfamo potásico, ciclamato, neohesperidina, sacarina, sucralosa

Fuente: ‹Nutriciónhospitalaria.com›, *Una visión global y actual de los edulcorantes. Aspectos de regulación.* J. M. García-Almeida, Gracia Mª Casado Fdez., J. García Alemán.

Los edulcorantes bajos en calorías o acalóricos

Hoy día la mayoría de los edulcorantes comerciales bajos en calorías o acalóricos son *mezclas, no sustancias puras*. Se suelen componer de:

1. Un **edulcorante intenso** (endulza mucho en poca cantidad), como el acesulfamo potásico, el aspartamo, el ciclamato, la sacarina, la estevia o la sucralosa.

2. Un **edulcorante suave** como los alcoholes del azúcar o polioles (maltitol, eritritol, sorbitol, etc.), con aspecto y consistencia similares al azúcar. En la mezcla, los edulcorantes suaves aportan **un dulzor suave con el cuerpo y la textura del azúcar**, mientras que los edulcorantes intensos **aumentan el nivel de dulzor** hasta lo que estamos acostumbrados.

3. Un **agente de carga** o de relleno para darle a la mezcla un volumen similar al del azúcar y así poderlo dosificar tal como esperamos. Es habitual en los edulcorantes de mesa, para que podamos seguir poniendo una o dos cucharaditas de endulzante en nuestro café.

El lactitol, isomaltol, maltitol y todos estos edulcorantes que acaban en -ol se denominan **polioles**.

1. Los polioles (o alcoholes de azúcar, alcoholes polihídricos o polialcoholes) son hidratos de carbono, pero no azúcares ni alcoholes.

2. Sirven para obtener, en primer lugar, *un volumen y un aspecto similar* al del azúcar. Y, en segundo lugar, para *mejorar el sabor* de los edulcorantes intensos.

3. Su dulzor depende en parte del producto que los acompañe, tienen *sinergias*. El empleo de mezclas sinérgicas de edulcorantes tiene dos ventajas fundamentales:

    a. Aumenta la intensidad de sabor, por lo que disminuye la dosis requerida de edulcorante.

    b. Se optimiza el sabor, acercándose al del azúcar.

4. Son aptos en general para el horneado.

Los inconvenientes de los polialcoholes son varios:

• Producen *muchos gases intestinales* (doy fe de ello) si te pasas un poco de cantidad y llegan a tener un efecto laxante. Esto se debe a que en el intestino se absorben solo parcialmente y la flora intestinal los fermenta.

• Este efecto limita en la práctica la cantidad de dulces edulcorados con polialcoholes que puedes consumir. Pero eso no es en absoluto un inconveniente bajo mi punto de vista.

• *No son acalóricos* (solo menos calóricos que la sacarosa), por lo que, en según qué formulaciones, al menos los diabéticos no los podemos tomar libremente.

• En resumen, y a modo de comparación del poder endulzante, las calorías y otras características de los distintos endulzantes:

Edulcorante	Poder edulcorante	Calorías por gramo	Kcal para endulzar igual que 1 cdta. azúcar	Índice glucémico
Sacarosa (azúcar común)	1	4	16	65
Fructosa (azúcar de fruta)	1,73	4	9	23
Edulcorantes suaves				
Eritritol	0,65	0,2	1	1
Isomaltitol	0,4	2	17	35
Lactitol	0,3	2	20	3
Maltitol	0,9	2,4	11	35
Manitol	0,5	1,6	13	2
Sorbitol	0,6	2,6	19	4
Tagatosa	0,92	1,5	7	0
Xilitol (azúcar de abedul)	1	2,4	10	12
Edulcorantes intensos				
Acesulfamo potásico	200	0	0	0
Aspartamo	180	4	0,1	0
Ciclamato sódico	40	0	0	0
Esteviósidos	480	0	0	0
Neohesperidina	1.000	0	0	0
Sacarina	300	0	0	0
Sucralosa	600	0	0	0
Taumatina	2.000	4	0	0

Fuente: «Sweetener values», en <http://www.sugar-and-sweetener-guide.com>.

La estevia

La *Stevia rebaudiana* es una planta originaria del Paraguay conocida desde tiempos inmemoriales por las poblaciones indígenas. En la Unión Europea el **extracto de las hojas** (glucósidos de esteviol) se aprobó como aditivo alimentario, con el código E-960, en el año 2011.

¿Qué es lo interesante de la estevia?
1. No tiene efecto ninguno en la concentración de glucosa en la sangre, es *acalórica*, por lo que es segura para los diabéticos y útil para dietas ligeras o de control de peso;

2. es un edulcorante intenso (sus principios edulcorantes, los esteviósidos o rebaudósidos, son unas *480 veces más dulces que el azúcar común*);

3. y resiste el calor, por lo que es apta para horneado.

¿Qué es lo menos interesante?

1. Tiene un sabor que recuerda al del regaliz o el anís que resulta chocante a nuestros paladares porque no estamos acostumbrados a él.

2. Al ser un edulcorante intenso que además se presenta en forma de líquido cuando es pura, obliga a modificar las formulaciones de los dulces si lo quieres usar para sustituir al azúcar.

Las presentaciones comerciales de estevia para uso doméstico de mesa y cocina no suelen ser *extracto de estevia* puro, sino una pequeña cantidad de glucósidos de esteviol mezclados con otros edulcorantes suaves con el objeto que he indicado en el apartado anterior.

Conclusión:

1. Los esteviósidos en solución, estevia líquida, no son fáciles de usar para sustituir al azúcar en recetas de dulces, porque el azúcar común *abulta* mucho más, y además con frecuencia cumple otras funciones dentro de la elaboración, como ayudar a introducir aire al montarlo con grasa o huevos. Pero no es imposible.

2. La estevia sólida que se encuentra en el mercado va acompañada de otros elementos como polioles, cuyo aporte calórico hay que tener en cuenta en cada caso.

Los dátiles como endulzante

Los dátiles contienen una gran cantidad de azúcares, que son azúcares intrínsecos según la definición de la OMS citada anteriormente. Es decir, que van acompañados de otras sustancias que debemos digerir conjuntamente con ellos antes de que puedan llegar a nuestro torrente sanguíneo y afecten a nuestra glucemia. La fibra ralentiza la digestión de los dátiles y sus azúcares tardan más en liberarse que si fueran azúcares libres y, por lo tanto, no producen un pico de glucemia.

Por esto los dátiles sirven, en teoría, para endulzar y para sustituir otros endulzantes que nos venden como naturales.

	Dátiles (100 g)	Azúcar blanco (100 g)
Calorías	289 kcal	399 kcal
Grasa	0,45 g	0
Sodio	8 mg	0
Carbohidratos	65 g	99,8 g
Fibra	8,7 g	0
Vitamina	3 mg	0
Índice glucémico	38-46	65

Fuente: <Alimentos.org.es>.

De la tabla anterior se deduce que si sustituimos el peso de azúcar de una receta por el mismo peso de dátiles estamos reduciendo las calorías en un 72 % y el índice glucémico en un 58-71 % (para dátiles más o menos enteros, claro). Son valores menores que los del azúcar, aunque tampoco para tirar cohetes.

> Respecto al uso de los dátiles triturados, para mi desgracia encuentro bibliografía contradictoria o, muy probablemente, no sé lo suficiente como para discernir quién tiene razón. Cuando comemos un dátil entero, con toda su fibra, no tiene sobre nuestro cuerpo el mismo efecto que el azúcar común porque debemos destruir su estructura en nuestro sistema digestivo antes de que sus azúcares aparezcan en nuestra sangre, pero si lo trituramos a tope... ay, caray, la cosa cambia, según dicen algunas fuentes.

En resumen, uso dátiles para endulzar en muchos dulces de este recetario, intentando no triturarlos del todo y no pasarme de cantidad. Dan un sabor muy agradable y pueden servir de base a dulces muy interesantes y, en este caso sí, son fuente de fibra y nutrientes valiosos.

Cómo sustituir el azúcar de una receta

Al igual que veremos después con la mantequilla, sustituir el azúcar en una receta de repostería no es tan sencillo como añadir una cucharada o no al café.

Recetas en que el azúcar se usa para esponjar junto con mantequilla o huevo
Si además queremos evitar la mantequilla, es prácticamente imposible adaptar este tipo de receta. Quedan por tanto descartadas de la adaptación todas aquellas recetas en que se monta mantequilla con azúcar, una técnica de esponjado muy utilizada en pastas de té o en bizcochos y magdalenas, sobre todo en recetas norteamericanas. O, si usas aceite de oliva tendrás que buscar otro modo de esponjarlas en el horneado, con levadura química.

Recetas en que el azúcar da cuerpo y sabor, pero no contribuye a esponjar
En estos casos es posible sustituir el azúcar por distintos endulzantes:
1. Dátiles. Con toda la complicación que supone sustituir una sustancia granulada y que se disuelve en los líquidos por otra sólida y que añadiremos en trocitos. No es imposible y tenéis la prueba en muchas de las recetas. No son acalóricos, pero tienen las propiedades que he indicado en el apartado «Los dátiles como endulzante».
2. Estevia. A día de hoy, lo que se vende en los comercios como estevia no es la estevia natural, sino un extracto de las hojas, como indiqué anteriormente, con frecuencia combinado con algún otro endulzante como un poliol o maltodextrina. No es, por lo tanto, completamente acalórica y hay que tener cuidado si somos diabéticos. Y algunas preparaciones están formuladas solamente como edulcorante de mesa, no sirven para hornear. Te aconsejo que mires siempre la etiqueta.

Elaboraciones básicas

Tu despensa ligera

Antes de detallar los ingredientes que considero esenciales en una despensa ligera para hacer dulces sin azúcar y sin mantequilla quiero hacer hincapié en algo que parecería de cajón, pero que muchos no suelen contemplar:

**Cuanta mayor calidad tengan tus ingredientes,
más ricas saldrán tus elaboraciones.**

Para realizar las recetas de dulces sin azúcar ni mantequilla de este libro necesitas los siguientes ingredientes básicos:

1. Harinas integrales, normalmente de trigo (si no especifico que sea de otra clase), de centeno, de avena, etc.
2. Frutos secos
3. Mantecas de frutos secos
4. Frutas desecadas, fundamentalmente dátiles
5. Frutas frescas
6. Semillas
7. Yogur griego sin endulzar
8. Aguacate
9. Cacao en polvo sin endulzar
10. Chocolates sin azúcar o con muy alto contenido en cacao (de 70% para arriba)

Utensilios que te facilitan mucho la vida

- Una báscula de cocina de precisión, esencial para controlar lo que hacemos y para preparar cualquier receta con fiabilidad.
- Una buena batidora de vaso o robot potente, imprescindible para triturar bien y para hacer mantecas de frutos secos caseras como las que uso con profusión en el recetario.
- Un termómetro de horno para comprobar la temperatura real de nuestro horno, esencial para controlar la cocción de bizcochos y magdalenas, y otro termómetro de cocina con sonda, por ejemplo, para controlar cremas cuajadas en el fuego.

Imprescindibles

- Espátulas de silicona a porrillo. No podría vivir sin ellas.
- Batidor de varillas para mezclar con comodidad.
- Una buena colección de boles de todos los tamaños.
- Coladores variados para colar zumos, etc.
- Un par de bandejas de horno, que no tienen que ser buenísimas.

Yogur griego casero

- 2 l de leche entera de calidad (aunque también puedes usar leche semidesnatada), mejor pasteurizada que UHT
- 1 yogur natural (griego o corriente) sin endulzar

- 4 cdas. de leche en polvo
- termómetro de cocina (imprescindible)

Elaboración

1. Pon la leche en un recipiente y añade la leche en polvo. Mezcla bien con la batidora. El objeto de la leche en polvo es darle más cuerpo al yogur.

2. Pon la leche a calentar hasta que alcance 45 °C. Añade el yogur natural y mezcla.

3. Ahora hay que mantener la leche a esa temperatura durante al menos 7 horas, el método es lo menos importante. Usa una yogurtera, si tienes, coloca el recipiente usado en una incubadora para yogur revestida de aislante o métela en una nevera de camping. O sencillamente abriga el recipiente con una manta u otro material aislante del frío. Incluso hay quien utiliza la energía solar para mantener la temperatura, colocando el recipiente al sol dentro de una vitrina.

4. Una vez transcurrido el tiempo (ten en cuenta que cuanto más tiempo se deje, más ácido sale el yogur), coloca una tela tupida o estameña en un escurridor de verduras puesto sobre un bol y vierte el yogur. Se trata de quitarle suero para espesarlo hasta la consistencia que más nos guste. Deja escurrir varias horas, mejor dentro de la nevera.

5. No tires el suero del yogur, pues sirve para añadírselo a bizcochos o magdalenas.

6. Cuando el yogur tenga el espesor que te guste, pásalo de la tela a un recipiente hermético y consérvalo en la nevera.

Te preguntarás: ¿Usas yogur griego en el recetario? ¿Sin desnatar ni nada? ¿Y eso es más ligero que la mantequilla o la nata? Te cuento, para que lo tengas claro, el porcentaje de grasa de estos ingredientes:

- Nata líquida – mínimo 35 %
- Mantequilla – alrededor del 82 %
- Yogur griego – alrededor del 10 %

El objeto de añadir leche en polvo es aumentar el contenido proteico de la leche, lo que le aporta un poco más de cuerpo al yogur.

Me dirás que por qué el termómetro es imprescindible si nuestros ancestros hacían yogur sin él... Como todo utensilio bien escogido, te ahorra tiempo, te evita equivocaciones y tener que tirar la preparación, porque siempre sabes dónde estás.

Manteca de frutos secos casera

• 350-400 g de cualquier fruto seco, crudo y sin sal

Elaboración

1. La manteca de frutos secos la puedes hacer con los frutos tostados o crudos; si tostamos el fruto los aceites se liberan con mayor facilidad.

2. Si quieres tostar los frutos secos, extiéndelos crudos en una bandeja de horno y tuéstalos 10 minutos en el horno a 150 °C. Deja enfriar.

3. Pasa los frutos secos a una batidora o robot potente y comienza a triturar a alta velocidad.

4. Puedes triturar todo seguido hasta que el fruto haya liberado sus aceites y se forme la pasta untuosa que es la manteca, o puedes hacer descansos intermedios para que no se recaliente la pasta. Esto depende también de la potencia del aparato.

5. Cuando aprecies que se empieza a formar la pasta, para alguna vez para rebañar las paredes del aparato.

6. Continúa batiendo a velocidad media-baja lo que haga falta hasta obtener una pasta fluida.

7. Una vez obtenida la manteca, conserva en un tarro hermético en el frigorífico; dura meses.

• La ventaja de hacer tu propia manteca de frutos secos en casa reside en que te sale más barato. Los frutos secos ya son un ingrediente caro de por sí, pero las mantecas comerciales, aunque las hay de excelente calidad, son aún más caras.

• La manteca se puede abaratar añadiendo una proporción de semillas grasas como pipas de girasol o de calabaza, si te gustan.

• Y por otro lado, haciéndola en casa en un robot de cocina potente puedes graduar el nivel de aceite que les haces soltar a los frutos secos. Hay recetas a las que les va bien una manteca poco aceitada, como las galletas, mientras que para una crema de avellanas con chocolate o un relleno de tarta es más conveniente que la crema esté muy fluida, muy aceitada.

• Está de moda remojar en agua los frutos secos previamente para ablandarlos y activarlos. Esta práctica se basa en que con el agua se activan enzimas de la germinación de la semilla (no olvidemos que los frutos secos son eso, semillas, y su función es producir una planta) que descomponen el ácido fítico, un antinutriente que impide que nuestro cuerpo absorba ciertos minerales. Pero mira tú por dónde, hay estudios que prueban que el ácido fítico no solo nos evita la absorción de otros minerales nocivos para nosotros, sino que previene la formación de cálculos renales, la aparición de cardiopatías, diabetes y ciertos tipos de cáncer (colon y mama). De modo que la práctica de remojar los frutos secos no tiene un beneficio global que la justifique, a no ser que necesites que el fruto seco esté más blando e hidratado por alguna razón.

Chocolate puro casero

• 100 g de manteca de cacao	• 100 g de cacao en polvo

Elaboración

1. Derrite la manteca de cacao en un bol, en el microondas de 10 en 10 segundos a potencia máxima y removiendo de vez en cuando, o sobre un cazo con agua hirviendo que no toque el bol.

2. Cuando esté derretida por completo, añade el cacao en polvo tamizado para deshacer los terrones, y homogeneiza.

3. Agrega el edulcorante que elijas: estevia líquida (ojo, porque no se puede añadir mucha porque fluidifica la mezcla), xilitol o sucralosa. Mezcla y prueba el dulzor. Rectifica si te hace falta.

4. Vierte en el molde o recipiente que quieras y mete en la nevera para que solidifique

Mermelada con semillas de chía

• 350-400 g de cualquier fruta, mejor madura y de temporada	• 2 cdas. de estevia líquida (se puede prescindir del edulcorante si la fruta es muy dulce)
• 2 cdas. de zumo de limón	• 2 cdas. de semillas de chía

Elaboración

1. Limpia bien la fruta; pélala si tiene piel, quita corazones y semillas, y trocea si fuera necesario.

2. Pon la fruta en un cazo con el zumo de limón, añade la estevia u otro edulcorante y remueve para homogeneizar.

3. Calienta la mezcla a fuego medio, hasta que vaya ablandándose. Remueve y aplasta con una cuchara de palo.

4. Cuando la fruta esté tierna, prueba el dulzor y rectifica si fuera necesario. Apaga el fuego.

5. Con la fruta aún bien caliente, añade las semillas de chía y mezcla bien. Tapa el cazo y deja reposar para que se hidrate la chía. La mezcla va espesando por los mucílagos que desprenden las semillas y espesa aún más al refrigerarla.

Nota: Esta mermelada de chía nunca resulta tan espesa como una mermelada tradicional, pues el efecto de espesado (gelificación) que consigue la cocción prolongada con la pectina de las frutas y el azúcar en un medio ácido (por el limón) sencillamente no lo podemos conseguir con este método. Pero queda una mermelada muy agradable e infinitamente más saludable que las elaboradas con azúcar. Eso sí, hay que tener en cuenta que precisamente por no llevar azúcar estas mermeladas de chía se conservan mucho menos tiempo, alrededor de 2 semanas en la nevera. Pero se pueden congelar.

Crema inglesa sin azúcar

- 3 yemas de huevo
- 300 g de leche entera
- equivalente a 50 g de azúcar en edulcorante líquido o sólido
- 1 cdta. de extracto de vainilla

Elaboración

1. Mezcla todos los ingredientes en un cazo.

2. Ponlos a fuego muy suave y remueve continuamente. A mí me gusta controlar la temperatura con un termómetro de cocina de sonda, porque de esta manera no se te va a cortar nunca la crema.

3. Esta crema inglesa es como unas natillas: espesa ligeramente en caliente, se aprecia bastante bien porque, como decían las abuelas, al cubrir el dorso de una cuchara y pasar un dedo, queda un surco. Sigue espesando cuando se templa.

4. Una vez espesada la crema, retira rápidamente del fuego y mete el cazo en un bol con agua fría, para cortar la cocción. No es imprescindible, pero nos aseguramos de que no se estropee.

Aunque digo en la introducción que no soy forofa de las salsas, glaseados y florituras, incluyo esta crema inglesa como excepción, porque es fantástica para alegrar todo tipo de postres, sobre todo los que llevan frutas.

Relleno de dátiles para bollos y panes

Para 225 g de relleno:

- 100 g de dátiles deshuesados (unas 5 unidades)
- 100 g de agua
- 2 cdtas. colmadas de canela molida
- 1 cda. de harina corriente

Elaboración

1. Lleva a ebullición en un cazo con agua los dátiles deshuesados y troceados. Apaga el fuego y deja que se hidraten 5 minutos.

2. Tritúralos gruesos con batidora hasta obtener una pasta untable; deja enfriar.

3. Añade la canela molida y la harina, y mezcla.

Este es un relleno de dátiles muy rico que uso en dos de los bollos del recetario, pero no abuses de él, porque, en cualquier caso, es bastante calórico.

Recetas para chuparse los dedos

—

Te recuerdo que, como comento en la introducción, los dulces que forman este recetario no son muy dulces.

He intentado reducir el dulzor al máximo, dentro de un orden, y además carecen de florituras como glaseados y *frostings*. Se apoyan en gran medida en el dulzor propio de ingredientes naturales como frutas y frutas secas, entre otros, y nunca llegan al grado de dulzor de la repostería más dulce a la que podemos estar acostumbrados. Nada que ver con un merengue o un *layer cake*.

Te aconsejo que siempre, antes de hacer cualquiera de las recetas:

- Leas el apartado «Cómo son las recetas que vas a encontrar en este libro» en la introducción, para que nada te pille de sorpresa y para entender bien por qué utilizo unos ingredientes y no otros.

- Leas con atención la receta completa antes de ponerte con ella; así te aseguras de que tienes todos los ingredientes y utensilios necesarios, y además los puedes dejar preparados y a mano.

- Leas también los apartados previos a las recetas, que encontrarás a continuación, sobre la formulación y los ingredientes.

De esta manera sabrás en todo momento qué estás haciendo y por qué, sin sorpresas ni despistes. De modo que... ¡vamos a disfrutar!

La formulación de las recetas

Cantidades y magnitudes

Consulta las elaboraciones básicas para saber por qué y cómo utilizo gramos, cucharadas y cucharaditas.

El edulcorante

Una buena parte de las recetas son adaptaciones de recetas con azúcar, por lo que indico la cantidad de azúcar que debes sustituir por edulcorante y si el edulcorante debe ser sólido o puede ser líquido, o ambas cosas. Otra parte de ellas está formulada directamente para edulcorante.

1. En la mayoría de las recetas es complicado sustituir el azúcar, sólido y que aporta cuerpo a la masa, por un edulcorante líquido como la estevia. Siempre es más sencillo hacerlo con un edulcorante sólido.

2. En las recetas en que la sustitución es por un edulcorante sólido, indico la cantidad de azúcar común porque la presentación comercial de los edulcorantes no es homogénea, es decir, que en función de la marca, la sustitución de azúcar por un edulcorante puede ser 1:1 en peso o no. Por ejemplo, he usado en alguna receta una formulación de sucralosa que se sustituye a razón de 1 g de sucralosa por cada 7 g de azúcar común, pero sé que no todas las fórmulas son como esta. Por eso he preferido indicar la cantidad original de azúcar para que cada cual pueda usar el edulcorante sólido que más le guste. La proporción en que debe usarse un edulcorante sólido para sustituir al azúcar es una información que los fabricantes suelen dar en los envases.

Los aromas y especias

Estamos tan acostumbrados a aromas y especias de mala calidad que cuando los usamos de buena calidad quedamos muy sorprendidos del fantástico sabor. Me pasa cada vez que hago crema pastelera casera, con una buena vainilla por ejemplo, y la prueba algún familiar o amigo, que siempre me pregunta: «¿Qué lleva esto?». Pues nada de particular, solo lo que tiene que llevar. Por ello te aconsejo que uses ingredientes de calidad en este negociado.

La vainilla que venden en los comercios generalistas, bien en forma de vaina más seca que la mojama, bien en forma de pulverizado, no sirve para nada. Procúrate una buena vainilla, si es en vaina, que esté aún flexible. Las vainas se abren por la mitad a lo largo y se rascan las semillas, que se añaden al dulce en cuestión. Personalmente, también uso muchísimo el llamado extracto de vainilla, que es una infusión de vainas de vainilla en algún alcohol. Es muy fácil de usar, se dosifica a la perfección y se conserva de maravilla. A día de hoy estos productos no se encuentran fácilmente en las grandes superficies, hay que acudir a comercios especializados.

Y dirás: «pero Miriam, ¿no habías dicho que no usabas alcohol en las recetas?». Cierto, pero hago una excepción con este extracto porque la cantidad es ridícula y el resultado merece la pena.

Las harinas

Todas las recetas están hechas con harina integral, en su mayoría de trigo, espelta o tritordeum (un híbrido de trigo duro y cebada desarrollado en el CSIC, Consejo Superior de Investigaciones Científicas), pero con alguna aparición estelar de harina de centeno, algarroba o alforfón. Solamente son excepción algunas de las recetas de la sección de bollería, que llevan cierta proporción de harina blanca para que el bollo no sea un ladrillo.

Cada harina tiene su sabor propio y es cuestión de ir probando para ajustar la receta a nuestro gusto. Sin duda el sabor más familiar y reconocible en nuestra cultura es el de la harina de trigo, pero merece la pena probar otros sabores, como el del centeno en los bizcochos y magdalenas, o el del trigo sarraceno o alforfón en las tortitas, pues este es un ingrediente habitual en los *blinis*, las tortitas eslavas, y las *galettes* bretonas.

Otra cuestión que atañe a las harinas es la capacidad de absorción de líquido, que influye considerablemente en la consistencia final de masas como las de las tortitas, las crepes y los gofres. En el caso de estos dulces hay que comprobar siempre la consistencia antes de cocer la masa, o preparar un primer gofre, crepe o tortita y comprobar cómo resulta, ajustando con más harina o más líquido, hasta conseguir que la masa fluya lo justo para cada preparación. Es cuestión de práctica.

Si prefieres ir acostumbrándote poco a poco a estos dulces ligeros, en todas las recetas puedes usar harina blanca en lugar de la integral, con la salvedad de que en algunos dulces necesitarás algo más de cantidad, puesto que las harinas integrales absorben más líquido que las blancas.

Los huevos

Indico en cada receta el tamaño de los huevos para que nadie se líe.

Las levaduras

Lo que denomino en las recetas *levadura química* es un impulsor químico, lo que en España se ha conocido como levadura Royal toda la vida. Está compuesta por un ácido y una base que reaccionan entre sí cuando están en una masa con algo de líquido, para producir CO_2, dióxido de carbono, que esponja las masas en el horno. Tienen un efecto que se activa con el calor habitualmente, es decir, que hasta que no metes la masa en el horno no actúa del todo.

Aunque si has hecho pan alguna vez tendrás claro este concepto, no debes confundir la levadura química con la levadura de panadería que uso en la sección de bollería. La levadura de panadería es una colección de bichos (levaduras para más señas) que deben fermentar la masa para esponjarla y para ello necesitan un tiempo previo. La levadura química opera con rapidez al cocer las masas y no necesita ese tiempo previo.

En cuanto a la levadura de panadería, suelo usar levadura liofilizada porque es más fiable en sus resultados, más fácil de conservar y de manejar.

El engrasado de los moldes y las sartenes

Como no queremos emplear mantequilla, en lo que atañe a los moldes para bizcochos el papel de hornear da un resultado excelente. Si no quieres usar papel de hornear para forrar moldes o el molde no lo pone fácil, opta por engrasar con aceite de oliva o con un espray desmoldante. Estos espráis se fabrican habitualmente con aceite de colza, absolutamente inocuo (a pesar de la mala fama inmerecida en este país) o de girasol, y permiten aplicar una cantidad muy escasa.

En el caso del engrasado de las sartenes para hacer tortitas o similares, usa aceite de oliva sin ningún problema.

El reposo de las masas

Consulta el apartado «El gluten» de las elaboraciones básicas para saber por qué algunas masas y elaboraciones hay que dejarlas reposar.

Tartas, pasteles y postres con fruta

Esta es mi sección favorita del recetario; nada como un buen postrecillo con fruta para alegrarte el día. Son fáciles de hacer, necesitan un endulzado mínimo y siempre salen bien.

En muchas de las recetas he conservado además la piel de las frutas, para añadir más fibra al dulce que ayude a ralentizar la digestión y dilatar la absorción de los hidratos de carbono (suavizar la subida de la glucemia).

Galette de uvas y algarroba

Cantidad:	Dificultad:	Tiempo:
Tarta de 20 cm	**baja**	**90 minutos**

Ingredientes:

- ½ receta de masa quebrada integral con algarroba
- 500 g de uvas tintas pequeñas
- 1 cucharada colmada de almidón de maíz (maicena)

Esta misma tarta la puedes preparar con otra fruta pequeña, como arándanos o cerezas. Si la fruta no es tan dulce como las uvas puede que te guste más con un poco de estevia u otro edulcorante.

1. Prepara la masa quebrada y déjala reposar como indico en las elaboraciones básicas. Calienta el horno a 190 °C.

2. Separa las uvas de su racimo y lávalas bien. Sécalas lo mejor que puedas con papel de cocina.

3. Estira la masa quebrada sobre la mesa enharinada hasta 25-28 cm de diámetro, en forma razonablemente redonda.

4. Pasa la masa a un papel de hornear y este a su vez a una bandeja de horno.

5. Espolvorea el almidón de maíz con un colador, dejando un margen sin espolvorear para doblar luego sobre la tarta y hacer el borde.

6. Pon las uvas sobre el almidón de maíz y la masa, haciendo un círculo y dejando libre el mismo margen indicado anteriormente para poder doblarla.

7. Dobla el borde de la masa sobre las uvas, haciendo algún pliegue de vez en cuando para que se sujete, tal como se ve en la foto.

8. Mete la bandeja en el horno y cuece la *galette* durante 40-45 minutos; las uvas reventarán y formarán un almíbar que espesará con el calor y el almidón de maíz, que se verá burbujear.

9. Saca la bandeja y pasa la *galette* con el papel a una rejilla, para que no se ablande la masa al enfriar.

Minitartas tatin de ciruelas

Cantidad:	Dificultad:	Tiempo:
6 tartaletas pequeñas	**baja**	**90 minutos**

Ingredientes:

- ½ receta de masa quebrada integral (consulta las elaboraciones básicas)
- 3-6 ciruelas rojas, según tamaño
- equivalente a 80 g de azúcar en edulcorante sólido*
- 80 g de agua

* Solamente la tagatosa sirve para hacer caramelo. El xilitol no carameliza y la sucralosa no lo hace correctamente.

Estas mismas tartaletas las puedes preparar con otras frutas que quepan en los huecos de un molde para magdalenas, como manzanas pequeñas y melocotones pelados, o albaricoques.

1. Prepara la masa quebrada como indico en las elaboraciones básicas. Calienta el horno a 180 °C.

2. Prepara el almíbar o el caramelo con el edulcorante en un cazo con el agua, a fuego vivo sin remover y reduce un par de minutos (almíbar) o hasta que empiece a tomar color dorado (caramelo).

3. Distribuye el almíbar o caramelo en los 6 huecos de una bandeja para magdalenas. Reserva.

4. Limpia las ciruelas, corta por la mitad y deshuesa. Coloca en cada hueco una o dos mitades de ciruela, según el tamaño, con el corte hacia arriba.

5. Extiende la masa con rodillo hasta 1,5-2 mm de espesor y el tamaño suficiente para cortar 6 círculos. Corta con un cortador de galletas; pincha en toda la superficie con un tenedor para que no se infle. Coloca un círculo de masa sobre cada hueco, abrazando la fruta.

6. Cuece en el tercio inferior del horno 15-20 minutos, hasta que asome jugo de las ciruelas por los bordes.

7. Saca la bandeja e invierte de inmediato sobre una fuente; despega con una cuchara si fuera necesario.

8. La piel de las ciruelas tiende a despegarse cuando están cocinadas; puedes retirarla, además la piel de algunas variedades resulta amarga.

Manzanas asadas con yogur griego

Cantidad:	Dificultad:	Tiempo:
Por cada manzana	**baja**	**45 minutos**

Ingredientes:

- 1 manzana dulce, pero de carne firme como Royal Gala o Fuji
- zumo de limón
- 1 dátil
- un puñado de almendras fileteadas o picadas
- una pizca de canela molida
- 1 cdta. de estevia líquida (opcional)
- 75 g de yogur griego
- estevia adicional para el yogur

Un clásico de los postres, las manzanas asadas siempre están buenas. Si las endulzamos con dátiles y las acompañamos de yogur griego, no nos darán remordimiento de conciencia.

1. Calienta el horno a 180 °C.

2. Lava y seca las manzanas. Llena con agua caliente un cuenco e hidrata ligeramente el dátil. Escurre y pícalo grueso.

3. Con un cuchillo y mucho cuidado, vacía el corazón de las manzanas. Corta un limón por la mitad y rocía el hueco con el zumo del limón para que no se ennegrezca.

4. Haz un corte en la piel de las manzanas a media altura, que rodee la manzana por completo, para que no estalle en la cocción.

5. Coloca las manzanas de pie en una fuente. Llena el hueco con el dátil y almendra al gusto; si te gusta que estén bastante dulces, puedes poner también un poco de estevia para endulzar.

6. Espolvorea con un poco de canela molida.

7. Mete las manzanas en el horno y cuece unos 30 minutos, hasta que estén blandas.

8. Sirve templadas o frías, solas o con el yogur griego endulzado con algo de estevia.

Peras con naranja y té

Cantidad:	Dificultad:	Tiempo:
Para 4 personas	**baja**	**60 minutos**

Ingredientes:

- 4 peras pequeñas de carne firme (ercolina, por ejemplo)
- 1,5 l de agua
- 5 bolsitas de té verde
- el zumo y la ralladura de 3 naranjas
- 2 cdas. de edulcorante (estevia, sucralosa, etc.)

Las peras dan muy bien resultado pochaditas en un líquido aromatizado como este té con zumo de naranja. Ligeras y deliciosas.

1. Calienta el agua en un cazo hasta que hierva, pon las bolsitas de té y tapa el cazo. Deja reposar 15 minutos.

2. Mientras tanto, ralla la piel de las naranjas y exprímelas.

3. Pasado el tiempo de infusión del té, añade el zumo de naranja con la ralladura y cuece la mezcla 10 minutos.

4. Cuela la mezcla de naranja y té, y reserva.

5. Pela las peras, frótalas un poco con un estropajo nuevo para que queden más redonditas y córtalas por la mitad.

6. Quítales el corazón, ponlas en un cazo y vierte la mezcla de naranja y té.

7. Añade el edulcorante elegido (o no pongas nada) y cuece por lo menos 15-20 minutos, hasta que las peras estén tiernas; prueba con la punta de un cuchillo.

8. Saca las peras y mantenlas tapadas para que no se resequen. Reduce el jugo de cocción hasta obtener un almíbar ligero de naranja y pera, al punto que más te guste.

9. Sirve con el almíbar y, si quieres, una crema inglesa sin azúcar (consulta las elaboraciones básicas).

Tartitas fáciles de manzana

Cantidad:	Dificultad:	Tiempo:
18 tartitas	**baja**	**60 minutos**

Ingredientes:

- 500 g de manzanas (mejor pequeñas y dulces)
- 1 limón grande
- equivalente a 100 g de azúcar en edulcorante sólido
- 2 huevos medianos (M)
- 90 g de aceite de oliva suave
- 70 g de harina integral
- 2 cdtas. de levadura química
- 2 cdtas. de extracto de vainilla
- 100 g de leche entera
- aceite y harina adicionales para los moldes

Estos pastelitos de manzana funcionan bien con otras frutas firmes como peras o melocotones. Puedes poner canela en lugar de vainilla, pero el intenso aroma a limón con vainilla es uno de los encantos de este dulce.

1. Calienta el horno previamente a 185 °C-190 °C.

2. Ralla la piel del limón y exprime el zumo. Pon ambas cosas en un bol para bañar la manzana. Limpia las manzanas y córtalas en gajos finitos; báñalas en el zumo de limón. Deja la piel de la manzana, si quieres.

3. Mezcla con varillas la harina con la levadura química. Aparte, mezcla la leche con el aceite, el edulcorante, los huevos y el extracto de vainilla. Agrega la mezcla de harina y mezcla justo hasta homogeneizar. Vuelca esta masa sobre los gajos de manzana y mezcla hasta que toda la manzana quede impregnada.

4. Engrasa y enharina moldes de magdalenas antiadherentes. Distribuye la mezcla en los moldes, casi hasta el borde, asentando los gajos de fruta, y mete los moldes en el horno. Cuece unos 25 minutos.

5. Prueba con una brocheta que los pastelitos estén hechos y, si es así, saca los moldes, pasa un cuchillo romo por las paredes de los huecos para despegar las tartitas e invierte el molde sobre una rejilla o fuente. Caerán perfectamente si están bien cocidas. Deja que se enfríen.

Tarta de plátano

Cantidad:	Dificultad:	Tiempo:
1 tarta redonda	**baja**	**60 minutos**

Ingredientes para 1 tarta redonda de 20 cm o rectangular de 30 cm × 10 cm:

- 1 receta de masa quebrada con aceite y una cucharada de cacao en polvo adicional, o 1 receta de masa quebrada de algarroba (consulta las elaboraciones básicas)
- 4-5 plátanos medianos maduros
- 180 g de manteca de almendras o avellanas (ver apartado de elaboraciones básicas, o el mismo peso del fruto seco triturado)
- 2 huevos medianos (M)
- 25 g de leche
- 1 vaina de vainilla o 2 cdtas. de extracto de vainilla
- equivalente a 50 g de azúcar en edulcorante sólido
- almíbar con 30 g de agua con 20 g de xilitol o sucralosa
- 50 g de almendra fileteada o en palitos

El relleno de esta tarta es como una crema *frangipane* sin mantequilla, con manteca de frutos secos. Si quieres ponerle más chocolate a la tarta sustituye la manteca de frutos secos por la misma cantidad de crema de chocolate y avellanas del recetario (en la sección «Desayunos y tentempiés»).

1. Prepara la masa quebrada, repósala y cuece en vacío como indico en las elaboraciones básicas. Saca y deja templar.

2. Calienta el horno a 180 °C para que esté en su punto al acabar de montar la tarta.

3. Mezcla la manteca de frutos secos o los frutos secos triturados con el huevo, el edulcorante, la vainilla y la leche. Extiende la mezcla sobre la base y nivela. Corta los plátanos en rodajas o a lo largo, y colócalos encima del relleno.

4. Cuece 2-3 minutos en un cazo el agua con el xilitol o sucralosa para que se concentre, y pinta el plátano con este almíbar. Espolvorea el borde de la tarta con las almendras.

5. Cuece 30 minutos a 180 °C, hasta que el relleno esté cocido y los plátanos tostados. Coloca el molde sobre una rejilla; desmolda en cuanto puedas tocar la tarta sin quemarte.

Galette de peras y vainilla

Cantidad:	Dificultad:	Tiempo:
1 tarta de 22-25 cm	**baja**	**60 minutos**

Ingredientes:

- 1 receta de masa quebrada con aceite
- 5-6 peras pequeñas de carne firme
- el zumo de 1 limón
- ½ vaina de vainilla o 1 cucharadita de extracto de vainilla
- 1 cucharada de almidón de maíz (maicena)
- equivalente a 30 g de azúcar en edulcorante sólido o líquido (facultativo)
- 1 huevo batido para pintar (facultativo)

Las *galettes* son facilísimas de hacer porque no llevan otro relleno que la fruta y puedes hacerlas tan rústicas como quieras. Juega con la forma, con el tipo de masa quebrada y también con la fruta, incluso con la forma de cortarla.

1. Prepara la masa quebrada como indico en las elaboraciones básicas.

2. Calienta el horno a 200 °C.

3. Estira la masa quebrada en círculo (40-45 cm) o rectángulo sobre un papel de hornear que quepa en una bandeja de horno.

4. Pon en un bol el zumo de limón con las semillas de la vainilla o el extracto. Corta las peras por la mitad y descorazónalas. Fileteálas poniendo las mitades con el corte hacia abajo en una tabla, pero sin llegar al final. Baña en el zumo de limón para que no se ennegrezcan.

5. Espolvorea el almidón sobre la masa estirada para que absorba el jugo de la fruta, dejando alrededor un margen de 3-4 cm. Coloca las peras, dejando el mismo margen para doblar el borde. Espolvorea o vierte el edulcorante sobre las peras y el zumo de limón sobrante.

6. Dobla la masa sobre las peras para hacer el reborde y pinta con huevo batido.

7. Cuece la tarta 30-35 minutos a 200 °C, hasta que las peras estén cocidas, la masa quebrada dorada y apenas se vea líquido en el interior.

8. Saca la tarta a una rejilla sobre el papel de horno para que se enfríe.

Dobladillos de cerezas y manzana

Cantidad:		Dificultad:		Tiempo:	
2-3 dobladillos		**baja**		**2 horas**	

Ingredientes:

- 220 g de agua
- 1 cdta. de estevia líquida
- 100 g de aceite de oliva virgen
- 1 cdta. de anís en grano
- 1 piel de naranja sin la parte blanca
- 420 g de harina integral
- 3 manzanas medianas
- 200 g de cerezas
- el zumo de 1 limón
- equivalente a 2 cdas. de azúcar en edulcorante sólido o líquido
- canela al gusto
- 1 huevo batido

Los dobladillos, pastillos y empanadicos son toda una familia de empanadas dulces típicas del Alto Aragón, con ricas masas escaldadas y aromatizadas por las que tengo debilidad.

1. Cuece 1 minuto en un cazo los primeros cinco ingredientes.

2. Pon la harina en un bol. Cuela el líquido caliente y añádelo de golpe. Mezcla enérgicamente hasta que la masa se cohesione. Tapa y deja reposar una hora.

3. Corta la manzana en gajos y rocía con el zumo de limón; puedes pelarla o no. Cocínala 5-7 minutos en el microondas, tapada, a máxima potencia; así no reduce tanto en el horno y no deja huecos en el interior de la masa.

4. Deshuesa las cerezas y calienta el horno a 200°C.

5. Divide la masa en 2-3 trozos. Estira cada porción sobre papel de horno, hasta que quede muy fina.

6. Divide en el mismo número de porciones el relleno, y ponlo en el centro de cada rectángulo de masa, de forma que puedas doblarla como un papel de carta, en 3 partes, y luego los extremos sobre sí mismos (como en la foto).

7. Cierra la masa y pinta con el huevo batido; espolvorea con el edulcorante y la canela, y haz un agujerito en el centro para que salga el vapor. Forma así los demás dobladillos.

8. Cuece en el horno 30-35 minutos sobre el papel hasta que estén dorados y crujientes. Saca a enfriar sobre una rejilla sobre el propio papel.

Minicrumbles con frutos rojos

Cantidad:		Dificultad:		Tiempo:
6 minicrumbles		**baja**		**45 minutos**

Ingredientes:

Relleno

- 6 piezas de fruta de temporada (peras, ciruelas, melocotones, manzanas)
- 200 g de frutos rojos
- 25 g de zumo de limón
- 2 cdas. de harina integral
- equivalente a 2 cdas. de azúcar en edulcorante sólido o líquido
- 1 espolvoreo de canela molida o ½ cdta. de extracto de vainilla al gusto

Cobertura

- 175 g de copos de avena
- 30 g de almendras picadas o laminadas
- 125 g de harina de trigo integral (o de centeno o mezcla de varias)
- equivalente a 75 g de azúcar en edulcorante sólido
- ½ cdta. de canela molida (facultativo)
- ¼ cdta. de levadura química
- 1 pellizco de sal
- 100 g de aceite de oliva virgen suave

Los *crumbles* son unos dulces facilísimos de hacer pues llevan poco más que fruta troceada coronada por unas migas de harina, copos de cereal y una grasa, que en origen es mantequilla pero que he sustituido por aceite de oliva, que en el horno se tuesta y queda crujiente.

1. Pon el horno a calentar a 180 °C.

2. Pela y trocea la fruta de temporada en dados no muy grandes (según la fruta que sea la puedes poner sin pelar). Mezcla con el zumo de limón, la harina, el edulcorante y la canela molida o la vainilla. Prepara la cobertura de migas aparte; mezcla hasta obtener una masa desmigada.

3. Llena unos moldes tipo ramequines con la fruta hasta unos ¾ de la altura. Reparte encima los frutos rojos.

4. Distribuye la cobertura entre los ramequines y aprieta para asentarla. Pon los ramequines en una fuente de horno y cuece los *minicrumbles* 30-35 minutos a 180 °C, hasta que la fruta esté cocida y la cobertura esté dorada.

5. Saca los *minicrumbles* y deja enfriar 10 minutos. Sírvelos templaditos.

Clafoutis de cerezas integral

Cantidad:	Dificultad:	Tiempo:
Para 8 personas	**baja**	**60 minutos**

Ingredientes:

- 1 kg de cerezas
- 3 huevos medianos (M)
- equivalente a 80 g de azúcar en edulcorante sólido o estevia líquida
- 125 g de leche entera
- 150 g de leche evaporada
- 25 g de harina integral
- 1 vaina de vainilla o 2 cdtas. de extracto

1. Calienta el horno a 180 °C para que esté en su punto al acabar de montar el *clafoutis*.

2. Deshuesa las cerezas con un deshuesador (aunque la receta original lleva las cerezas con hueso) y reserva.

3. En un bol, mezcla los ingredientes de la masa: los huevos, ambas leches, la harina, el edulcorante y la vainilla. Bate hasta homogeneizar.

4. Pon las cerezas en un molde de tarta de 25-26 cm, previamente engrasado y enharinado. Vierte la mezcla preparada y golpea un poco el molde para que el líquido penetre por los entresijos de la fruta.

5. Cuece la tarta en el horno 30-35 minutos, hasta que la fruta esté cocida y la masa esté dorada e inflada.

6. Saca el *clafoutis* y deja enfriar. Sírvelo templado o a temperatura ambiente, y a disfrutar.

Hace muchos años que cada año espero con impaciencia la temporada de cerezas y picotas, además de atiborrarme con ellas, para preparar un *clafoutis*. Parece mentira que un pastel tan sencillo como este, compuesto nada más que de fruta y una masa ligera, quede tan suculento. Aunque el *clafoutis* original es de cerezas (sin deshuesar), puedes prepararlo con otras frutas en trozos.

Minitartas de manzana y frutos rojos

Cantidad:	Dificultad:	Tiempo:
4 tartitas 7-8 cm	**baja**	**60 minutos**

Ingredientes:

- 200 g de masa quebrada de aceite (consulta las elaboraciones básicas)
- 500 g de manzanas dulces
- 350 g de frutos rojos al gusto
- equivalente a 75 g de azúcar en edulcorante al gusto
- 1 cda. de almidón de maíz (maicena)
- 1 cda. de canela molida
- 1 huevo

Nada más sencillo que cubrir fruta en puré o troceada con una capa de masa quebrada y hornear hasta que la fruta se ablande y suelte sus jugos... ñam. Como casi todas las tartas del recetario, estas minitartas las puedes preparar con otras frutas, aunque la combinación de manzana y frutos rojos es éxito seguro.

1. Prepara la masa quebrada como indico en las elaboraciones básicas. Calienta el horno a 180 °C para que esté en su punto al acabar de montar las tartitas.

2. Engrasa los ramequines o moldes con un poco de aceite o espray antiadherente.

3. Pela y descorazona las manzanas. Limpia los frutos rojos y escúrrelos.

4. Lamina las manzanas (con la piel o sin ella) y cuece 2 minutos tapadas en el microondas a máxima potencia. Trocea los frutos rojos; agrega el almidón de maíz y el edulcorante.

5. Distribuye la manzana precocida en los moldes hasta arriba y espolvorea la canela; cubre con los frutos rojos; no importa que sobresalgan algo del molde, porque se consumen en el horneado.

6. Extiende con rodillo la masa hasta un grosor de 3-4 mm, corta círculos del tamaño de los moldes y tapa con ellos las tartas.

7. Pinta con el huevo batido, haz un corte en cruz en el centro de cada tapa y mete los moldes en el horno sobre una bandeja, por si se derrama el jugo. Cuece las tartitas 30 minutos.

8. Saca a enfriar y sírvelas calientes o templadas.

Tartaletas de yogur y frutas

Cantidad:	Dificultad:	Tiempo:
8 tartaletas bajas	**baja** ▲▲▲	**3h (incluidos los reposos)**

Ingredientes para 8 tartaletas bajas de 8 cm:

- 120 g de masa quebrada de aceite o de algarroba (consulta las elaboraciones básicas)
- 400 g de frutos rojos
- 1 plátano mediano
- 200 g de yogur griego (consulta las elaboraciones básicas)
- 50 g de agua
- 5 g de gelatina
- 1 vaina de vainilla o 2 cdtas. de extracto
- 1 cucharada de estevia líquida

Estas tartaletas de yogur y fruta se pueden hacer también en tamaño grande y con la combinación de frutas que más te guste. Son una delicia, suaves, ligerísimas y con pocas más calorías que un yogur con frutas.

1. Prepara la masa quebrada (consulta las elaboraciones básicas) y déjala reposar tapada. Una vez reposada, estira con rodillo hasta unos 2 mm, engrasa los moldes de tartaletas, corta círculos del tamaño deseado y asiéntalos en los moldes. Corta el sobrante, pincha el fondo con un tenedor repetidamente y mete en el congelador.

2. Mientras, calienta el horno a 180 °C para que esté en su punto al acabar de montar las tartaletas.

3. Tritura el plátano junto con los frutos rojos, el yogur, la estevia y la vainilla. Pasa por un pasapurés si la fruta tiene pepitas como las frambuesas.

4. Hidrata la gelatina en el agua fría 5 minutos, calienta en microondas unos segundos a máxima potencia hasta que se disuelva y añade al batido de fruta y yogur. Homogeneiza.

5. Saca las tartaletas del congelador y cuece en vacío (consulta las elaboraciones básicas). Deja enfriar.

6. Distribuye la crema de yogur y fruta en las tartaletas hasta el borde. Mete en la nevera por lo menos 2 horas, hasta que cuaje.

7. Adorna con frutas frescas.

Galletas y chocolates integrales y saludables

Las galletas son, a mi juicio, de los dulces más difíciles de convertir a un dulce sin azúcar. La mayor parte de las fórmulas tradicionales se basan en mezclas de mantequilla y azúcar para esponjar, dar sabor y hacer la masa crujiente, por lo que no es tarea fácil conseguir lo mismo con otros ingredientes.

Eso sí, las galletas preparadas como en esta sección, con harinas integrales y sin azúcar ni mantequilla, tienen una ventaja: te sacian mucho más que las galletas tradicionales y no te producen esa *necesidad* de seguir comiendo galletas que todos conocemos. Además, tu tránsito intestinal te va a agradecer mucho el cambio.

Cantuccini o carquiñoles integrales

Cantidad:	Dificultad:	Tiempo:
22-25 galletitas	**baja**	**60 minutos**

Ingredientes:

- 190 g de harina integral
- 60 g de harina blanca
- 2 cdtas. de levadura química
- 40 g de manteca de nueces
- ½ cdta. de sal
- ¾ de cdta. de anís en grano
- 1 ½ cdas. de estevia líquida
- 3 huevos grandes (L)
- 160 g de higos secos (u 80 g de orejones y 80 g de higos secos)
- 50 g de nueces picadas

La ventaja de las galletas cocidas dos veces o *biscotti*, que eso significa, es que quedan crujientes sí o sí a pesar de que la harina integral y la profusión de frutas secas no contribuyan a ello. Una delicia.

1. Calienta el horno a 170 °C. Prepara una bandeja para horno forrada de papel de hornear.

2. Pon en un bol las harinas, la levadura química, la sal y el anís en grano. Mezcla bien con unas varillas.

3. En otro bol bate los huevos y añade la estevia y la manteca de nueces. Agrega los sólidos y homogeneiza hasta obtener una masa.

4. Agrega las frutas secas cortadas en trocitos y las nueces picadas. Mezcla y distribuye bien.

5. Divide la masa en dos partes iguales y dales forma de barra, de unos 7 cm de ancho. Aplasta un poco para que luego las galletas queden oblongas.

6. Cuece los rollos 20-25 minutos hasta que estén hechos, pero no muy dorados.

7. Sácalos a enfriar en el propio papel sobre una rejilla, solo 10 minutos, y corta los cilindros en rebanaditas de 1 cm aproximadamente.

8. Coloca las rebanadas de nuevo en bandejas de horno y vuelve a cocer en el horno a menor temperatura, a 150 °C, unos 7 minutos por un lado y lo mismo por el otro, hasta que estén doradas y firmes.

9. Saca y deja enfriar por completo sobre una rejilla.

Galletas de manteca de frutos secos con pepitas de chocolate

Cantidad:	Dificultad:	Tiempo:
18 galletitas	**baja**	**60 minutos**

Ingredientes:

- 1 huevo mediano (M)
- equivalente a 80 g de azúcar de edulcorante sólido
- 250 g de manteca de frutos secos (almendras, anacardos, nueces, etc., consulta las elaboraciones básicas)
- 1 cdta. de levadura química
- 25 g de harina integral
- 110 g de chocolate sin azúcar en trocitos

Estas galletitas quedan fantásticas con cualquier manteca de frutos secos, siempre que esta sea firme, del estilo de la mantequilla de cacahuete clásica; no uses una manteca que se haya triturado a tope y esté muy fluida y untuosa. Si haces la manteca de frutos secos en casa como indico en las elaboraciones básicas el sabor es excelente.
Si no encuentras gotas o pepitas de chocolate sin azúcar, ralla o parte en trocitos con un cuchillo una tableta de chocolate sin azúcar.

1. Calienta el horno a 175 °C.

2. En un bol, mezcla el huevo con el edulcorante y la manteca de frutos secos con una batidora. Agrega la harina integral mezclada con la levadura química y homogeneiza la masa; puede que la masa exude algo de grasa de los frutos secos, no pasa nada.

3. Añade los trocitos de chocolate y distribuye bien.

4. Con una cuchara o con un dosificador de galletas pequeño (de unos 3 cm), coge porciones de la masa y ponlas sobre el papel de hornear, un poco separadas, aunque apenas se extienden. Aplástalas un poco con la mano o te quedarán muy altas.

5. Cuece en el horno unos 12-15 minutos, hasta que empiecen a estar doraditas por los bordes.

6. Saca la bandeja, pasa las galletas sobre el propio papel a una rejilla, deja enfriar por completo y a disfrutar.

Shortbread de aceite

Cantidad:		Dificultad:		Tiempo:	
30 galletitas		**baja**		**60 minutos**	

Ingredientes:

- 250 g de aceite de oliva virgen suave
- 50 g de agua
- 80 g de yema de huevo (unas 4 yemas)
- 300 g de harina integral de trigo, tritordeum o centeno, a elegir
- 200 g de harina de arroz integral
- equivalente a 180 g de azúcar en edulcorante sólido (el xilitol da buen resultado)
- ralladura de 1 limón
- 1 cda. de anís en grano
- un pellizco de sal

Estas galletas tipo shortbread pero con aceite, inspiradas en una fórmula de Giulia Scarpaleggia, tienen un delicioso sabor mediterráneo y se pueden aromatizar con lo que se te ocurra, más allá del limón y el anís. El aireado de la mayonesa hace que se deshagan en la boca.

1. Calienta el horno a 175 °C.

2. Mezcla con varillas ambas harinas, el edulcorante sólido, la ralladura de limón, la sal y el anís en grano.

3. Bate las yemas con el agua en el vaso de una batidora. Introduce la batidora y bate mientras añades el aceite a hilo para obtener una mayonesa fluida.

4. Mezcla a mano la mayonesa con los sólidos, frotando la masa entre los dedos, hasta obtener una masa que se desmigue bastante. Envuelve la masa en plástico y deja reposar 20 minutos.

5. Vuelca sobre un papel de hornear del tamaño de una bandeja de horno y coloca otro papel encima. Extiende la masa con el rodillo hasta unos 5 mm; si se te abre mucho ve juntándola a mano hasta obtener una plancha rectangular.

6. Corta con un cortapastas o divide en cuadrados o rectángulos con cuchillo. Separa ligeramente las galletas entre sí; la masa es frágil, no la manipules mucho.

7. Cuece en el horno 10-15 minutos, hasta que estén doradas. Saca del horno, traslada a una rejilla sobre el propio papel y deja enfriar.

Trufas de cacao y dátiles

Cantidad:		Dificultad:		Tiempo:	
16 trufas		**baja**		**20 minutos**	

Ingredientes:

- 340 g de dátiles deshuesados
- 30 g de almendra molida
- 15 g de cacao en polvo
- 30 g de manteca de cacao derretida
- ½ cdta. de canela molida
- 1 cdta. de extracto de vainilla o ½ vaina de vainilla
- cacao en polvo adicional y granillo de almendra para rebozar las trufas

Para que las trufas salgan blanditas y con sabor es imprescindible que los dátiles sean de calidad y no estén más secos que la mojama. Ten en cuenta que no solo son la base que les da a las trufas la consistencia, sino que son el único ingrediente que les da dulzor; es verdad que por ello estas trufas son tan vigorizantes como una barrita energética. Estas trufas están riquísimas aromatizadas con alguna especia exótica, como un poco de pimienta de Jamaica molida, chile en polvo para darles un toque picante o incluso curry. Inventa tus propios sabores.

1. Pon los dátiles cortados en trocitos en el vaso de una batidora potente.

2. Añade la manteca de cacao derretida y tritura hasta obtener una pasta.

3. Agrega el cacao, la almendra, la vainilla y la canela, y mezcla bien hasta homogeneizar.

4. Extiende la pasta sobre una fuente o en un recipiente a un grosor de unos 2 cm y métela en la nevera un cuarto de hora para que coja un poco de consistencia y sea más fácil manipularla.

5. Toma porciones del tamaño de avellanas grandes y dales forma de bolitas entre las manos.

6. Ve pasando las trufas por cacao en polvo, granillo de almendra, coco rallado o lo que se te antoje.

7. Consérvalas en un recipiente hermético.

Galletas de aguacate con pepitas de chocolate

Cantidad:		Dificultad:		Tiempo:	
16 galletitas		**baja**		**60 minutos**	

Ingredientes:

- 130 g de manteca de frutos secos fluida (consulta las elaboraciones básicas)
- 160 g de aguacate (más o menos 1 aguacate entero)
- 40 g de cacao en polvo de calidad
- 3 cdas. de estevia líquida
- 30 g de leche
- 30 g de harina integral
- ¼ de cdta. de levadura química
- 80 g de pepitas de chocolate sin azúcar o trocitos de chocolate sin azúcar

Estas galletas son muy blanditas y con un sabor a chocolate apabullante, perfectas para los muy chocolateros.
Si no encuentras gotas o pepitas de chocolate sin azúcar ralla o parte en trocitos una tableta de chocolate sin azúcar.

1. Calienta el horno a 175 °C. Prepara una bandeja de horno con papel de hornear.

2. Pela el aguacate y aplástalo con un tenedor.

3. En un bol, mezcla con varillas la harina integral con la levadura química y el cacao.

4. Añade al aguacate, a mano o en un robot, todos los demás ingredientes, excepto las gotitas de chocolate, y homogeneiza.

5. Añade las pepitas de chocolate y distribuye bien.

6. Con dos cucharas, moldea porciones de masa en forma de bolita y ponlas sobre el papel de hornear. Aplástalas con los dedos un poco untados de aceite hasta la forma que desees, porque apenas se extienden.

7. Cuece unos 12-15 minutos, hasta que se aprecie que la superficie está cocida, puesto que con el color que tienen es imposible ver si se doran o no.

8. Saca la bandeja, pasa las galletas sobre el propio papel a una rejilla, porque son frágiles, aunque cogen firmeza al enfriar. Deja enfriar por completo.

Galletas de tahini y chocolate

Cantidad:	Dificultad:	Tiempo:
36 galletitas	**baja**	**60 minutos**

Ingredientes:

- 65 g de aceite de oliva
- 75 g de tahini
- equivalente a 40 g de azúcar en edulcorante sólido
- 50 g de dátiles deshuesados
- 2 huevos grandes (L)
- 125 g de harina de centeno integral
- 100 g de harina de trigo integral
- 1 ½ cdtas. de levadura química
- ½ cdta. de sal
- 120 g de chocolate blanco o negro sin azúcar
- semillas de sésamo

El tahini o pasta de sésamo es un ingrediente con mucho sabor que brilla en estas galletas inspiradas en una receta de una de mis webs favoritas, *Green Kitchen Stories*. El sabor intenso del sésamo casa de maravilla con el dulzor de los dátiles y el chocolate.

1. Calienta el horno a 180 °C.

2. Prepara 2 bandejas de horno con papel de hornear.

3. Pon en un robot el aceite de oliva, el tahini, el edulcorante, los huevos y los dátiles finamente picados; mezcla.

4. En un bol aparte mezcla con varillas las harinas con la levadura química y la sal.

5. Mezcla los sólidos con los líquidos hasta homogeneizar. Agrega el chocolate partido en trocitos y distribuye bien.

6. Con una cuchara, coge porciones de masa del tamaño de una nuez pequeña, moldéalas en forma de bolita y rebózalas en sésamo puesto en un plato.

7. Ponlas sobre el papel de hornear y aplástalas un poco con los dedos hasta la forma final que desees, porque apenas se extienden.

8. Cuece en el horno unos 8-9 minutos, hasta que estén doradas y cocidas por dentro.

9. Saca la bandeja, pasa las galletas sobre el propio papel a una rejilla, deja enfriar por completo y a disfrutar.

Galletas de dátiles y pasas

Cantidad:	Dificultad:	Tiempo:
22-25 galletitas	**baja**	**60 minutos**

Ingredientes:

- 150 g de dátiles troceados
- 80 g de pasas
- 240 g de agua
- 1 huevo
- 60 g de manteca de frutos secos (consulta las elaboraciones básicas)
- 250 g de harina integral
- 1 cdta. de levadura química
- 1 cdta. de canela molida
- almendras picadas o en granillo

Estas galletas quedan blanditas, por lo que no esperes una consistencia crujiente como la que encuentras en galletas tradicionales. Tanto los dátiles como la harina integral contribuyen a que no sea así. Por el contrario, tienen un sabor estupendo y las pasas les dan un toque dulce delicioso. Aunque ojo, que con los dátiles y las pasas son un bocado bastante energético.

1. Calienta el horno a 175 °C. Prepara una bandeja de horno con papel de hornear.

2. Pica los dátiles y ponlos en un cazo con el agua. Lleva a ebullición para que se hidraten bien y deja enfriar.

3. Pon la harina integral en un bol y añade la levadura química. Mezcla con unas varillas.

4. Pon la mezcla de dátiles fría en un bol y añade la mezcla de harina integral, el huevo, la manteca de frutos secos, las almendras, las pasas y la canela. Homogeneiza; debes obtener una masa pegajosa, pero suficientemente densa como para formar las galletas.

5. Con un par de cucharas o un racionador de galletas, forma galletitas sobre el papel de hornear. Aplástalas con el culo de un vaso, porque no fluyen en el horno. No hace falta espaciarlas mucho porque no se extienden.

6. Cuece las galletas por tandas en el horno, 12-15 minutos hasta que estén doradas.

7. Sácalas a enfriar en el propio papel sobre una rejilla.

Rocas de chocolate y frutos secos

Cantidad:		Dificultad:		Tiempo:	
16 rocas		**baja**		**20 minutos**	

Ingredientes:

- 100 g de cacao en polvo de calidad
- 100 g de manteca de cacao
- edulcorante al gusto (cuidado con la estevia, no se puede añadir mucha porque licúa la mezcla demasiado)
- 130 g de frutos secos en granillo o láminas
- 40 g de copos de avena

En esta receta estamos preparando nuestro propio chocolate, mezclando el cacao en polvo con la manteca de cacao. Esto nos permite endulzar el chocolate a nuestro gusto y conseguir un chocolate con un sabor estupendo.

1. Prepara el chocolate con la manteca de cacao y el cacao en polvo según las elaboraciones básicas.

2. Añade los frutos secos y los copos de avena. Remueve para mezclar bien. Como bajará la temperatura del chocolate y espesará la mezcla, pasa el bol por el microondas de nuevo 6-8 segundos y remueve.

3. Deja reposar 1 minuto (aunque depende de la temperatura ambiente) para que coja algo de firmeza y, con dos cucharitas, toma porciones del tamaño que prefieras y ve colocándolas en un tapete de horno o sobre papel de horno. Deja que se solidifiquen del todo a temperatura ambiente o en la nevera.

4. Conserva las rocas en un recipiente hermético.

Polvorones de almendra con aceite

Cantidad:
25 polvorones

Dificultad:
baja

Tiempo:
40 minutos

Ingredientes para unos 25 polvorones:

- 200 g de harina de trigo integral
- 100 g de harina de trigo blanca
- 100 g de almendra molida
- equivalente a 100 g de azúcar glas en edulcorante glas
- 115 g de aceite de oliva virgen suave
- ½ cdta. de canela molida
- un pellizco de sal
- semillas de sésamo al gusto

Los polvorones y mantecados necesitan que el azúcar o edulcorante esté muy pulverizado para que no se note al comer; es imperativo usar un edulcorante glas (y apto para hornear), pues un edulcorante sólido triturado en casa no consigue la suficiente finura. Se encuentra en tiendas especializadas.

1. Calienta el horno a 160 °C.

2. Mezcla la almendra molida con ambas harinas en una bandeja de horno forrada con papel de hornear y tuéstalo todo unos 15 minutos, hasta que la harina se vea suelta y tostadita.

3. Pon la mezcla en un bol y añade el edulcorante glas, la sal y la canela molida. Mezcla con varillas.

4. Agrega 100 g de aceite de oliva y mezcla hasta que la masa se cohesione. Si queda demasiado seca, añade el aceite que falta. La masa será frágil, pero adherente.

5. Envuelve en plástico y deja reposar media hora. Enharina la mesa y extiende la mitad de la masa con el rodillo hasta un grosor de 1-1,20 cm. Espolvorea con sésamo, si quieres.

6. Con un cortapastas redondo de 5 cm u ovalado, corta polvorones y pasa a una bandeja con papel de horno. Son muy frágiles.

7. Reúne los recortes, estira y corta más polvorones. Procede de igual manera con el resto de la masa.

8. Cuece cada tanda en el horno a 180 °C unos 10-12 minutos, hasta que se doren por los bordes.

9. Saca los polvorones sobre el propio papel a una rejilla, deja enfriar por completo.

Desayunos y tentempiés

Aunque parece que ya no es dogma de fe eso de que el desayuno sea la comida más importante del día, qué bien sienta un rico desayuno, sobre todo si tienes tiempo para sentarte tranquilamente y disfrutarlo.

Sí, los desayunos y tentempiés pueden ir mucho más allá de las galletitas a tope de azúcar y la bollería industrial. Y prepararlos no representa un esfuerzo tremendo; hazlo por tu salud.

Me he tomado la licencia de incluir alguna receta que no se puede describir estrictamente como dulce, pero que seguro que agradeceréis los que queráis mejorar vuestros desayunos o salir a la calle o al campo con un tentempié sabroso y saludable.

Tortitas de manzana al estilo centroeuropeo

Cantidad:		Dificultad:		Tiempo:
7-8 tortitas		**baja**		**90 minutos**

Ingredientes para 7-8 tortitas de 12-15 cm:

- 200 g de harina integral de trigo (o de espelta, centeno, trigo sarraceno, etc., o una mezcla a tu gusto)
- ½ cdta. de levadura química
- 2 huevos
- 380 g de leche entera
- una pizca de sal
- 1 manzana grande de una variedad dulce (Golden, Royal Gala)
- 1 limón
- canela molida al gusto para espolvorear
- un poco de aceite de oliva suave para la sartén

Para estas tortitas también puedes usar otra fruta firme cortada en gajos, como peras o melocotones. Al no llevar más endulzante que la propia fruta, el uso de especias les va al pelo porque potencia los sabores.

1. Mezcla en un bol todos los ingredientes menos la manzana y el limón hasta obtener una masa lisa. Deja reposar una hora para que la harina integral se hidrate bien.

2. Descorazona la manzana sin pelar (o pelada) y corta en rodajas en perpendicular al corazón, más o menos del grosor que tendrá la masa cocida. Frota las rodajas con limón para que no se ennegrezcan y corta cada rodaja por la mitad.

3. Calienta una sartén antiadherente a fuego medio y pinta con algo de aceite de oliva. Cuando esté caliente, vierte un cucharón de la masa preparada anteriormente y coloca de inmediato varios gajos de manzana en la superficie.

4. Cuece la tortita hasta que esté cuajada y doradita por debajo, y dale la vuelta para dorarla por la otra cara y que la manzana acabe de cocerse.

5. Repite esta operación hasta acabar toda la masa. Pasa las tortitas a un plato y mantenlas tapadas con un paño, hasta que estén todas hechas.

6. Espolvorea ligeramente con canela y sirve calentitas; puedes espolvorearlas con algo de edulcorante sólido.

Granola sin azúcar

Cantidad:
600 g de granola

Dificultad:
baja

Tiempo:
60 minutos

Ingredientes:

- 70 g de almendras crudas
- 70 g de nueces peladas
- 70 g de avellanas, piñones o anacardos crudos
- 130 g de semillas mezcladas (pipas de girasol, de calabaza, semillas de amapola, etc.)
- 80 g de arándanos secos o pasas
- 130 g de copos de avena integral
- 1 cdta. de canela molida
- 50 g de compota de manzana densa (consulta las elaboraciones básicas)
- un chorro de aceite de oliva suave

1. Calienta el horno a 165 °C.

2. Pon en un bol todos los frutos secos, la avena y las semillas. Añade la compota de manzana y el aceite de oliva, y mezcla para que se distribuya todo bien. Por último, añade los arándanos o pasas.

3. Esparce esta mezcla sobre un papel de horno en una bandeja de horno y espolvorea con la canela molida.

4. Mete la bandeja en el horno y hornea unos 30-45 minutos, removiendo de vez en cuando el conjunto con un tenedor para que quede suelto.

5. Cuando el líquido se haya secado y esté todo tostadito, saca la bandeja y deja enfriar por completo.

6. Conserva la granola casera en un tarro hermético.

La compota de manzana sin endulzar le da a esta granola un puntito ácido muy sabroso, pero si piensas que no te va a gustar, endulza ligeramente la compota con algo de edulcorante a tu gusto. Si quieres darte un homenaje, añade pepitas o trozos de chocolate sin azúcar cuando la granola esté fría.

Barritas energéticas sin azúcar

Cantidad:		Dificultad:		Tiempo:	
12 barritas		**baja**		**30 minutos**	

Ingredientes para unas 12 barritas, según tamaño:

- 100 g de frutos secos al gusto, enteros o en trocitos grandes
- 50 g de frutos secos al gusto, molidos
- 300 g de frutas secas de calidad, no muy resecas
- 50 g de compota de manzana densa (o manteca de frutos secos)
- 150 g de copos de avena integral
- un pellizco de sal

En estas barritas las frutas secas como los orejones y los dátiles cumplen dos funciones: servir de pegamento al resto de los ingredientes, para poderlos compactar en forma de barrita y que no se desperdiguen; y aportar dulzor. Conviene que estas frutas secas no estén muy resecas; si tus frutas están muy duras puedes añadir algo de agua al triturarlas o hidratarlas previamente.

1. Tritura los 50 g de frutos secos y reserva. Tritura gruesas las frutas secas, hasta obtener una pasta pegajosa que nos sirva de pegamento de los demás ingredientes.

2. Añade a los frutos secos molidos y las frutas secas trituradas el resto de los ingredientes, excepto los 100 g de frutos secos enteros, y mezcla muy brevemente.

3. Pon la mezcla en un bol, añade los frutos secos enteros y acaba de mezclar todo amasando con las manos o con una cuchara de madera.

4. La masa debe cohesionarse, pero no ser muy pegajosa. Si estuviera muy pegajosa añade algo más de copos de avena o de frutos secos molidos.

5. Forra con papel un molde cuadrado o rectangular, vierte la mezcla y compacta a mano hasta hacer una torta de 1 cm de espesor. Tapa, pon un peso encima (por ejemplo, legumbres) y deja que se compacte una hora.

6. Una vez compactada, usa un cuchillo afilado para cortar barritas de unos 50-70 g. Conserva las barritas energéticas separadas entre sí con papel encerado, en un recipiente hermético.

Crema de chocolate y avellanas sin azúcar

Cantidad:
600 g de crema

Dificultad:
baja

Tiempo:
20 minutos

Ingredientes:

- 500 g de avellanas tostadas
- 2 cdas. de edulcorante sólido al gusto (mejor triturado para que se note menos) o 1 cda. de estevia líquida
- 60 g de cacao en polvo sin endulzar
- 30 g de manteca de cacao
- 1 cda. de yogur griego (facultativo, si la crema sale muy sólida)

El sabor clásico de esta crema de chocolate es de avellanas, pero prueba a prepararla con otro fruto seco, como almendras o cacahuetes... está igualmente deliciosa. Ten en cuenta que esta crema nunca va a quedar tan fina como las cremas comerciales, pues el grado finísimo de trituración de los frutos secos difícilmente lo puedes conseguir en casa, por muy potente que sea tu robot o batidora. No puedes esperar una réplica exacta de la crema comercial.

1. Prepara una manteca de avellanas tal como indico en la manteca de frutos secos de las elaboraciones básicas, con las avellanas: tuéstalas y déjalas enfriar. Frótalas dentro de un paño para quitarles la piel y tritura en una batidora potente hasta obtener una pasta fluida y untuosa.

2. Derrite la manteca de cacao en un bol colocado encima de otro con agua caliente (también lo puedes hacer en el microondas).

3. Añade a la manteca de la batidora el cacao en polvo, la manteca de cacao derretida y el edulcorante. Homogeneiza.

4. Prueba el dulzor de la crema y ajusta, si lo necesita. Conserva en un tarro hermético en la nevera. Dura semanas; para consumirla, sácala de la nevera un rato antes para que se atempere y poderla extender mejor.

5. La crema queda muy fluida después de prepararla, pero coge firmeza al enfriarse. Si una vez fría quedara muy compacta añade algo de yogur.

Chips de fruta deshidratada

Cantidad:
200 g de chips

Dificultad:
baja

Tiempo:
6 horas

Ingredientes:

- 2-3 piezas de fruta de carne firme (aproximadamente 500 g, según el tipo de fruta)
- el zumo de 2 limones
- edulcorante al gusto (no es imprescindible endulzar)
- una chispa de canela molida

1. Pela las piezas de fruta, si fuera necesario. Descorazona con un descorazonador para que las rodajas queden bonitas. Corta rodajas finitas con un cuchillo afilado, o con una mandolina o un robot, si lo tienes.

2. Pasa las rodajas a un bol con el zumo de los limones. Remueve para que la fruta se impregne.

3. Calienta el horno a 70 °C; reparte las rodajas de fruta en una bandeja forrada de papel de hornear, en una sola capa. Necesitarás dos bandejas o hacer las chips en varias tandas.

4. Espolvorea algo de edulcorante, si te apetece, y la canela molida.

5. Seca la fruta en el horno 5-6 horas, hasta que esté tiesa al tacto. Si tienes la opción de aire en el horno, es más efectivo que solo el calor radiante. En este caso, no uses la temperatura de 70 °C, sino solo 50 °C. Alternativamente, si dispones de un deshidratador y quieres usarlo, ajústalo a 45-50 °C y seca la fruta durante 8-12 horas o hasta que las rodajas estén tiesas, un poco como cuero. Cuanto más finito sea el corte menos tardarán.

6. Saca las rodajas de fruta a temperatura ambiente y deja que se enfríen del todo antes de envasarlas, conviene dejarlas toda una noche al aire para que pierdan la mayor cantidad de humedad.

La fruta deshidratada es una forma estupenda de tomar fruta en cualquier momento del día, porque es fácil de conservar y transportar, el dulzor y sabor de la fruta se concentra, se puede partir en trocitos y añadir a un yogur, o lo que se te ocurra.

Cacao en polvo para la leche

Cantidad:	Dificultad:	Tiempo:
200 g de cacao	**baja**	**10 minutos**

Ingredientes:

- 200 g de cacao en polvo sin endulzar
- edulcorante sólido equivalente a 150 g de azúcar (también puedes obviar el edulcorante sólido y sencillamente endulzar con estevia cada vez que te prepares una taza de cacao)
- 1 cdta. de canela
- 1 cdta. de vainas de vainilla trituradas o vainilla en polvo *

El cacao en polvo comercial consta básicamente de cacao en polvo desgrasado (menos del 20 % de manteca de cacao) con cantidades ingentes de azúcar común. El Cola Cao lleva 70 g de azúcar por cada 100 g de producto y Nesquik, un 75,7 %. El Nesquik tiene además un tratamiento patentado por Nestlé para hacerlo instantáneamente soluble. Pues bien, esta receta de cacao en polvo se parece más al Cola Cao porque al cacao en polvo puro le cuesta disolverse en la leche; la disolución es un poco más fácil en leche caliente, pero los amantes de los grumos tienen aquí su receta perfecta sin azúcar.

1. Pon en un cuenco todos los ingredientes y mezcla bien con varillas. No hay más.

2. Conserva en un recipiente hermético y ve usándolo a tu gusto para amenizar tus vasos de leche.

* Cuando uso vainilla natural, de la que solamente se extraen las semillas para añadir a los dulces, pongo las vainas vacías en un tarro. Cuando tengo unas cuantas bien secas las trituro. Si tienes un molinillo de café bueno puedes triturar en él las vainas (triturando previamente un puñado de arroz para quitarle el aroma a café) y aprovecharlas en polvo, porque aún aromatizan muchísimo. No suelo usar la vainilla en polvo comercial, aunque os doy esa opción, porque suele estar más tiesa que la mojama y no aromatiza nada.

Tortitas de plátano

Cantidad:
8-10 tortitas

Dificultad:
media

Tiempo:
30 minutos

Ingredientes para 8-10 tortitas de 10-12 cm:

• 2 huevos

• 3 plátanos pequeños o 2 grandes, maduros

• 50 g de leche entera

• 1 ½ cdtas. de extracto de vainilla

• una pizca de sal

• 60 g de harina de centeno integral (o de otra harina a tu gusto)

• un poco de aceite de oliva suave para la sartén

Estas tortitas no llevan endulzante de ninguna clase, solo el dulzor del plátano. Esponjan al calor gracias a las claras batidas, que las hacen muy tiernas, pero si no quieres montar las claras puedes utilizar 1 cucharadita de levadura química y añadir los huevos enteros, sin montar nada, en lugar de solo las yemas.

1. Separa las claras de las yemas y resérvalas. Junta en un bol las yemas con la leche, la vainilla y el plátano en trozos. Tritura hasta que esté fino. Añade la harina y homogeneiza.

2. Monta en un bol las claras con la sal hasta que hagan picos suaves (cuando levantas las varillas queda un pico que se baja o se dobla, no queda tieso).

3. Vierte la mezcla de plátano encima de las claras montadas y mezcla con espátula y movimientos suaves y envolventes para que no se baje, hasta homogeneizar.

4. Calienta una sartén antiadherente a fuego medio-bajo y pinta con algo de aceite de oliva. Cuando esté caliente, vierte un cucharón de la masa preparada.

5. Cuece la tortita hasta que esté cuajada y doradita por debajo, y dale la vuelta para dorarla por la otra cara. Cuécelas a fuego bajo y despacio; el plátano hace que se doren enseguida. Repite hasta acabar toda la masa.

6. Pon las tortitas en un plato y mantenlas tapadas con un paño, hasta que estén todas.

7. Sirve calentitas, acompañadas de compota de manzana, mermelada con chía, crema de chocolate y avellanas casera, etc.

Crepes integrales sin azúcar

Cantidad:	Dificultad:	Tiempo:
7-8 crepes	**media**	**90 minutos**

Ingredientes para 7-8 crepes de 20-22 cm:

- 3 huevos
- 250 g de leche semidesnatada o mitad agua, mitad leche entera
- 80 g de harina integral de trigo
- 45 g de harina de trigo sarraceno
- una pizca de sal
- un poco de aceite de oliva suave para la sartén

Estas crepes integrales llevan una proporción de harina de trigo sarraceno, típica de los *blinis* eslavos y las *galettes* bretonas, que les dan un sabor distinto y delicioso. Con las crepes y preparaciones similares casi siempre tendrás que ajustar la consistencia después de cuajar la primera. El número de crepes que te saldrán depende no solo del tamaño de la sartén usada, sino del grosor logrado.

1. Mezcla las harinas con los huevos, la leche y la sal; homogeneiza. Deja reposar tapado una hora para que las harinas se hidraten.

2. Calienta una sartén antiadherente grande a fuego medio-alto y pinta con algo de aceite de oliva. Una vez caliente, vierte un cucharón de la masa preparada.

3. No siempre se acierta a la primera con la consistencia adecuada. Si la masa estuviera demasiado líquida añade algo más de harina. Si, por el contrario, fuera densa en exceso añade una pizca de leche hasta que tenga el espesor deseado.

4. Cuece la crepe hasta que esté cuajada y doradita por debajo, y dale la vuelta con cuidado con una paleta o espátula amplia para dorarla por la otra cara.

5. Repite esta operación hasta acabar toda la masa.

6. Ve poniendo las crepes en un plato y mantenlas calientes, tapadas con un paño, hasta que estén todas.

7. Sirve calentitas acompañadas de alguna fruta fresca, mermelada de chía, crema de chocolate con avellanas o lo que se te ocurra.

Barritas de manzana y avena

Cantidad:	Dificultad:	Tiempo:
25 barritas	**baja**	**45 minutos**

Ingredientes:

- 175 g de copos de avena
- 125 g de harina de trigo integral (o de centeno o mezcla de varias)
- equivalente a 75 g de azúcar en edulcorante sólido (facultativo)
- ½ cdta. de canela molida
- ¼ de cdta. de levadura química
- un pellizco de sal
- 100 g de aceite de oliva virgen suave
- 150-200 g de compota densa de manzana (consulta las elaboraciones básicas.

Esta fórmula es sencillísima, pero muy rica. La capa de masa queda muy crujiente y se desmiga al comerla, lo que contrasta con el jugoso relleno de manzana. Estas barritas igualmente admiten otras compotas de fruta, siempre que sean bastante secas; no uses fruta fresca.

1. Calienta el horno a 180 °C.

2. Mezcla con varillas en un bol los copos de avena, la harina integral, el edulcorante (si lo pones), la levadura química, la sal y la canela molida.

3. Agrega 100 g de aceite de oliva y mezcla, a mano o en robot, hasta obtener una masa cohesionada pero que no rezume grasa.

4. Prepara un molde de 20 x 20 cm y fórralo con papel de hornear que sobresalga para desmoldar el pastel una vez cocido.

5. Divide la masa en dos partes y extiende la primera en el fondo del molde. Extiende una capa de compota de manzana con cuchara o espátula, con cuidado de no levantar la capa inferior.

6. Distribuye sobre la compota el resto de la masa y alisa la superficie.

7. Cuece unos 25-30 minutos, hasta que se dore por encima.

8. Saca el molde y deja enfriar 10 minutos. Tirando del propio papel con el que has forrado el molde, pasa el pastel a una rejilla y deja enfriar por completo.

9. Cuando el pastel esté frío corta en porciones del tamaño de barritas a tu gusto.

Gofres fáciles de manzana

Cantidad:
8 gofres

Dificultad:
baja

Tiempo:
45 minutos

Ingredientes:

- 200 g de leche entera
- 250 g de harina integral
- 4 huevos grandes (L)
- equivalente a 75 g de azúcar en edulcorante sólido o líquido
- 35 g de aceite de oliva
- 180 g de compota densa de manzana (consulta las elaboraciones básicas)
- 1 cdta. de levadura química
- ¾ de cdta. de canela molida
- un pellizco de nuez moscada
- un poco más de aceite o espray antiadherente para la gofrera

Los gofres, belgas o nórdicos, hace años que se han hecho populares por nuestras tierras porque son fáciles, suculentos y los puedes acompañar de muchos aditamentos deliciosos, como fruta fresca, mermeladas, crema de avellanas o yogur casero (consulta las elaboraciones básicas). Solo tienen un inconveniente: necesitas una gofrera eléctrica o una sartén para gofres. Pero te aseguro que te darán muchos momentos de felicidad.
En esta versión sustituyo la mantequilla tradicional por compota de manzana y aceite de oliva.

1. En un bol grande, mezcla todos los ingredientes, a mano o con robot, hasta obtener una masa más o menos homogénea.

2. Tapa el bol y deja reposar la masa 30 minutos; la harina se hidrata y coge más cuerpo.

3. Pon a calentar una sartén para gofres o una gofrera eléctrica. Engrásala ligeramente con aceite de oliva o con espray desmoldante.

4. Cuando la sartén o gofrera esté bien caliente, vierte la cantidad de masa que admita la capacidad del aparato y cierra la tapa.

5. Cuece hasta que estén bien tostados por ambas caras, dependerá de tu fuego o aparato.

6. Ve sacando los gofres preparados a un plato y cúbrelos con un paño para mantener el calor, hasta que los tengas todos cocidos.

Gachas de avena con fruta

Cantidad:
2 raciones

Dificultad:
baja

Tiempo:
5 minutos

Ingredientes:

- 240 g de leche entera
- 100 g de copos de avena suaves aplastados
- ½ cdta. de extracto de vainilla o ½ cdta. de canela
- equivalente a 1 cda. de azúcar en edulcorante al gusto
- 100 g de frutos rojos o compota de manzana o mermelada al gusto (consulta las elaboraciones básicas)
- frutos secos picaditos (facultativo)

1. Pon los copos de avena con la leche en un cazo.

2. Añade el edulcorante, si lo pones, y el extracto de vainilla o la canela.

3. Calienta a fuego bajo hasta que hierva y cuece 2 minutos; la avena se impregna con la leche y la mezcla espesa cuando comienza a enfriarse.

4. Distribuye las gachas en dos boles y acompaña con las frutas o la compota, e incluso con frutos secos picaditos.

Las gachas de avena tienen todas las ventajas de un cereal integral, siempre que no abusemos de la cantidad. Templadas, espesas y acompañadas de fruta y frutos secos son un desayuno rápido y reconfortante. En Estados Unidos está de moda preparar estas gachas solamente remojando la avena, sin cocerla (lo que llaman *overnight oats*), porque es bastante cómodo; parece que encender el fuego para cocer unos copos de avena se les hace un mundo... Pero los médicos no le atribuyen ningún beneficio especial a consumir la avena cruda en lugar de cocinada, incluso al contrario.

Bizcochos y magdalenas ligeros

—

Al elaborar los dulces sin azúcar ni mantequilla confío la esponjosidad principalmente a la levadura química y al montado de claras cuando la cantidad de huevo de la fórmula es suficiente. He variado las recetas de manera que unas llevan claras montadas y otras solamente se esponjan con levadura o impulsor químico. Cuando se usan claras montadas es importante que estén a temperatura ambiente.

Es primordial conocer el propio horno; cada horno es un mundo, los hay que calientan más y otros menos, unos acusan enseguida las bajadas de temperatura mientras que otros mantienen el calor con tozudez a pesar de que bajemos la temperatura... Por eso, la excelencia solo se logra practicando con nuestro horno. En cuanto a los bizcochos y magdalenas conviene cocerlos en el tercio inferior del horno solamente con calor arriba y abajo.

Bizcocho sencillo de dátiles y yogur

Cantidad:	Dificultad:	Tiempo:
Molde de 25cm x 11cm	**media**	**50 minutos**

Ingredientes:

- 240 g de harina integral
- 10 g (2 cdtas.) de levadura química
- ralladura de 1 limón
- 1 ½ cdtas. de canela molida
- un pellizco de sal
- 120 g de dátiles deshuesados (6-7 dátiles)
- 3 huevos grandes (L) a temperatura ambiente
- 1 yogur natural (120 g)
- 50 g de aceite de oliva
- 50 g de leche
- un puñadito de pasas (facultativo)

Este bizcocho está endulzado únicamente con dátiles y sirve de base para muchas otras variaciones: añade frutos secos enteros o picaditos a tu gusto, chocolate, frutos rojos, láminas de manzana... lo que se te ocurra. Resulta muy jugoso.

1. Calienta el horno a 190 °C. Forra el molde con papel de hornear o engrásalo y enharínalo.

2. Mezcla con varillas la harina integral con la levadura química, la canela, la sal y la piel del limón.

3. Separa las claras de las yemas. Mezcla estas con el yogur, el aceite, la leche y los dátiles troceados.

4. Tritura ligeramente la mezcla; deben quedar trozos de dátil.

5. Mezcla los líquidos con los sólidos sin batir en exceso. Añade las pasas, si las pones, y homogeneiza.

6. Bate las claras a punto de nieve firme. Agrega un cucharón de las claras a la mezcla anterior y remueve con delicadeza para fluidificar. Vierte la preparación sobre el resto de las claras y mezcla con movimientos envolventes.

7. Vierte en el molde y cuece el bizcocho 30-35 minutos. Prueba que esté cocido insertando una brocheta en el centro; si sale limpia, lo puedes sacar. Si no es así, prosigue la cocción otros 5-10 minutos.

8. Cuando el bizcocho esté cocido, sácalo, deja reposar 10 minutos y después desmóldalo sobre una rejilla. Deja enfriar.

Magdalenas de centeno y manzana

Cantidad:	Dificultad:	Tiempo:
9 magdalenas	**media**	**50 minutos**

Ingredientes:

- 100 g de harina integral de centeno
- 200 g de harina integral de trigo
- 7,5 g (1 ½ cdtas.) de levadura química
- 220 g de leche
- 2 huevos grandes (L) a temperatura ambiente
- 65 g de aceite de oliva
- 100 g de compota densa de manzana (consulta las elaboraciones básicas)
- 1 cucharada de estevia
- 1 cucharadita de canela
- un pellizco de sal
- 1 manzana en trocitos (facultativo)

El centeno y la canela les dan un sabor especial a estas magdalenas, profundo y nórdico. A pesar de la miga densa por la harina integral, el sabor es delicioso.

1. Calienta el horno a 220 °C.

2. Pesa las harinas con la canela y la levadura química; mezcla con varillas.

3. Separa las claras de las yemas; reserva las claras aparte. Mezcla las yemas, la leche, el aceite, la estevia y la compota de manzana.

4. Agrega los sólidos a los líquidos y mezcla perfectamente.

5. Monta las claras con un pellizco de sal hasta que estén firmes. Añade un cucharón de las claras a la mezcla anterior, para fluidificarla, y remueve con movimientos envolventes. Vierte esta preparación encima de las claras restantes y acaba de mezclar con delicadeza.

6. Si quieres, añade una manzana en trocitos.

7. Distribuye la masa entre las capsulitas de papel colocadas en moldes de magdalenas, hasta el 90 % de la altura (las magdalenas integrales crecen mucho menos que las de harina blanca).

8. Cuece las magdalenas unos 10 minutos en el tercio inferior del horno, hasta que peguen el estirón. Después baja la temperatura a 190 °C-180 °C y cuece otros 15 minutos, hasta que, al introducir una brocheta en alguna de las magdalenas, esta salga limpia. Saca a enfriar sobre una rejilla.

Mug cake o bizcotaza de chocolate

Cantidad:		Dificultad:		Tiempo:	
2 tazas		**baja**		**20 minutos**	

Ingredientes:

- 1 huevo mediano (M)
- 1 cucharada. de aceite de oliva
- 25 g de leche
- equivalente a 1 cucharada de azúcar en edulcorante sólido (o 1-2 dátiles picados con los líquidos de la receta)
- 1 cucharada. de cacao en polvo sin endulzar
- 60 g de harina integral de trigo o centeno
- ½ cdta. de levadura química

1. En un bol, mezcla con varillas la harina integral con la levadura y el cacao en polvo.

2. Bate ligeramente el huevo en un cuenco. Agrega la leche, el aceite y el edulcorante (o los dátiles picados), si los pones, y mezcla.

3. Vierte los líquidos sobre los sólidos y mezcla bien, hasta que no haya grumos y obtengas una masa densa pero que pueda fluir. Si no es así, añade algo de leche.

4. Distribuye en 2 tacitas sin pasar de ⅔ de la altura.

5. Mete las tacitas en el microondas a potencia máxima, por lo menos un minuto. Si la masa no ha crecido suficiente al cabo de ese tiempo, ve añadiendo tiempo de 10 en 10 segundos, hasta que llegue al borde de la taza. El bizcocho está hecho cuando la superficie se ve mate. Sirve de inmediato.

Estas bizcotazas o *mug cakes* tienen la ventaja de que se preparan en un momento y se cuecen en tiempo récord. Por eso son perfectas para un desayuno inesperado. Los bizcochos en microondas tienen el inconveniente de que se resecan más que los bizcochos convencionales, y hay que consumirlos de inmediato, pero precisamente por eso estas bizcotazas son excelentes para preparar en poca cantidad al momento.

Bizcocho de manzana y yogur

Cantidad:	Dificultad:	Tiempo:
Molde de 25 cm x 11 cm	**baja**	**45 minutos**

Ingredientes:

- 240 g de harina integral
- 1 cdta. de canela molida
- 1 cdta. de sal
- 10 g (2 cdtas.) de levadura química
- 120 g de yogur griego (consulta las elaboraciones básicas)
- 2 huevos medianos (M)
- 80 g de aceite de oliva virgen
- 400 g de compota densa de manzana (consulta las elaboraciones básicas)
- equivalente a 90 g de azúcar en edulcorante sólido
- un buen puñado de nueces o almendras picadas

Este bizcocho, aunque un poco compacto para los estándares clásicos, resulta jugosísimo y con un delicioso sabor a manzana. Si no te gusta la canela, que es bastante evidente en este bizcocho, puedes usar una cucharadita de extracto de vainilla.

1. Calienta el horno a 180 °C para que esté en su punto al acabar de hacer la masa.

2. Forra con papel de hornear el molde o engrásalo y enharínalo.

3. Pesa la harina en un bol y añade la levadura química, la canela y la sal; mezcla con unas varillas.

4. En otro bol, mezcla la compota de manzana con los huevos, el edulcorante, el yogur y el aceite de oliva virgen hasta homogeneizar.

5. Agrega los líquidos a los sólidos y mezcla con batidora, sin batir en exceso (consulta el apartado «El gluten» en elaboraciones básicas).

6. Mezcla los frutos secos y homogeneiza con una espátula.

7. Mete el molde en el horno y cuece el bizcocho 55-60 minutos. Prueba que esté cocido insertando una brocheta en el centro; si sale limpia, lo puedes sacar. Si no es así, prosigue la cocción otros 5-10 minutos.

8. Cuando el bizcocho esté cocido, sácalo, deja reposar 10 minutos y después desmóldalo sobre una rejilla. Deja enfriar.

Bizcocho de zanahoria y canela

Cantidad:	Dificultad:	Tiempo:
Molde de 25 cm x 11 cm	**baja**	**45 minutos**

Ingredientes:

- 90 g de zanahoria rallada
- 120 g de dátiles deshuesados (unas 8 unidades)
- 250 g de agua
- 30 g de leche entera
- 40 g de aceite de oliva
- 1 cdta. de canela molida
- ½ cdta. de clavo molido
- 1 cdta. de nuez moscada
- 350 g de harina integral
- 7,5 g (1 ½ cdtas.) de levadura química
- ¼ de cdta. de sal
- 50 g de nueces partidas (facultativo)

Este bizcocho es un *carrot cake* al estilo estadounidense, pero más saludable por el endulzado con los dátiles y las zanahorias, y más compacto por el empleo de harina integral. Pero no, no le vamos a poner ninguna cobertura de queso con azúcar.

1. Calienta el horno a 170 °C para que esté en su punto al acabar de hacer la masa.

2. Forra con papel de hornear un molde rectangular o engrásalo y enharínalo.

3. Pon en un cazo el agua con los dátiles. Lleva a ebullición y apaga el fuego. Tritura hasta obtener una pasta gruesa y deja enfriar.

4. Pesa la harina en un bol y añade la levadura química, la sal y las especias; mezcla con unas varillas.

5. Pela y ralla la zanahoria.

6. Añade el aceite de oliva y la leche a la pasta de dátil, y homogeneiza. Añade los sólidos a la pasta de dátil y homogeneiza.

7. Mezcla las nueces en trozos medianos, si las pones. Vierte la masa en el molde preparado y alisa la superficie.

8. Cuece el bizcocho 45-50 minutos. Prueba que esté cocido insertando una brocheta en el centro; si sale limpia, lo puedes sacar. Si no es así, prosigue la cocción otros 5-10 minutos.

Bizcocho de melocotón y almendra

Cantidad:	Dificultad:	Tiempo:
Molde de 25 cm x 11 cm	**baja**	**75 minutos**

Ingredientes:

- 1 huevo mediano (M)
- equivalente a 75 g de azúcar en edulcorante sólido
- 130 g de aceite de oliva suave
- 1 cdta. de extracto de vainilla
- 100 g de almendra molida
- 180 g de yogur líquido
- 130 g de harina integral
- 5 g (1 cdta.) de levadura química
- 1-2 melocotones

Este bizcocho lleva la masa mínima para que se cohesionen entre sí los pedazos de melocotón. Es tremendamente jugoso.

1. Calienta el horno a 175 °C para que esté en su punto al acabar de hacer la masa.

2. Forra con papel de hornear el molde o engrásalo y enharínalo.

3. Pela los melocotones y corta uno de ellos en gajos relativamente finos y el otro en dados. Reserva.

4. En un bol, mezcla el huevo con el edulcorante; añade el aceite de oliva, el extracto de vainilla, la almendra molida y el yogur. Homogeneiza.

5. En otro bol mezcla la harina integral con la levadura química.

6. Añade los sólidos a los líquidos y mezcla perfectamente.

7. Agrega el melocotón en dados, mezcla y vierte la masa en el molde.

8. Alisa la superficie y adorna con el melocotón cortado en gajos.

9. Cuece en un nivel bajo del horno durante 50-60 minutos, hasta que al introducir una brocheta en el centro esta salga limpia.

10. Cuando el bizcocho esté hecho, saca el molde del horno, extráelo con cuidado y pásalo a una rejilla para que enfríe.

Financiers de centeno

Cantidad:	Dificultad:	Tiempo:
9-10 financiers	**baja**	**45 minutos**

Ingredientes:

- 85 g de almendra molida
- 60 g de harina de centeno integral
- equivalente a 80 g de azúcar glas en edulcorante sólido, triturado
- un pellizco de sal
- 5 claras (unos 175 g)
- 1 cucharadita de extracto de vainilla o las semillas de ½ vaina
- 50 g de aceite de oliva suave
- 75 g de frutos rojos

Los *financiers* son unos bizcochitos muy tiernos perfectos para aprovechar claras sobrantes. Debido a la harina integral quedan más densos que unos *financiers* clásicos, pero de eso trata este libro. Por el contrario, el centeno les da un sabor muy rico. Puedes poner gotas o pepitas de chocolate sin azúcar en lugar de los frutos rojos.

1. Forra con papel de hornear moldes rectangulares pequeños o engrásalos y enharínalos (también puedes usar cápsulas de magdalena normales).

2. Mezcla con varillas la almendra molida con la harina de centeno, el edulcorante sólido y la sal. Añade a los sólidos las claras y el extracto de vainilla o las semillas. Homogeneiza. Agrega el aceite de oliva y mezcla.

3. Tapa y deja reposar la masa en la nevera 30 minutos.

4. Calienta el horno a 200 °C.

5. Coloca tres frutos rojos en el fondo de cada hueco. Dosifica la masa en los moldes, hasta un 80-90 % de la altura; no crecen demasiado. Añade algún otro frutillo, si quieres.

6. Cuece en el tercio inferior del horno 15-20 minutos, según los moldes que hayas usado, hasta que una brocheta salga limpia al pincharla en el centro.

7. Saca del horno, deja que se enfríen 10 minutos y desmolda sobre una rejilla con cuidado.

Bizcocho de remolacha y chocolate

Cantidad:	Dificultad:	Tiempo:
Molde de 25 cm x 11 cm	**baja**	**50 minutos**

Ingredientes:

- 250 g de remolacha cruda rallada
- 350 g de harina integral
- 80 g de leche
- 50 g de chocolate con alto contenido en cacao o sin azúcar
- 100 g de aceite de oliva suave
- 3 huevos medianos (M)
- equivalente a 90 g de azúcar en edulcorante sólido (u 80 g de dátiles triturados)
- 7,5 g (1 ½ cdtas.) de levadura química
- 25 g de cacao en polvo
- un pellizco de sal

Los bizcochos hechos con hortalizas o fruta como este de remolacha son muy jugosos. Este bizcocho puede llevar poco endulzante adicional debido al relativo dulzor de la remolacha.

1. Calienta el horno a 175 °C. Forra con papel de hornear el molde o engrasa y espolvorea con cacao en polvo.

2. Pela y ralla la remolacha. Reserva.

3. Derrite el chocolate partido en trozos con la leche en el microondas o en un cazo al fuego con lentitud. Agrega el aceite de oliva y mezcla perfectamente. Si vas a usar los dátiles para endulzar, añádelos y tritúralos gruesos.

4. En otro bol, bate los huevos con el edulcorante sólido (si lo usas) y la sal. Agrega la remolacha rallada y mezcla.

5. Mezcla con varillas en otro bol la harina integral, la levadura química y el cacao en polvo.

6. Mezcla el contenido de los tres boles a mano o en un robot. Vierte la mezcla en el molde; no debe superar los ¾ de la altura.

7. Cuece en el tercio inferior del horno 25-30 minutos, hasta que al introducir una brocheta en el centro esta salga limpia.

8. Saca el bizcocho del horno, deja que se enfríe 10 minutos y desmolda sobre una rejilla con cuidado.

Magdalenas de plátano y aguacate

Cantidad:	Dificultad:	Tiempo:
14 magdalenas	**media**	**50 minutos**

Ingredientes:

- 250 g de harina integral
- 5 g (1 cdta.) de levadura química
- un pellizco de sal
- 2 huevos grandes (L) a temperatura ambiente
- 3 plátanos maduros
- 1 aguacate maduro
- equivalente a 50 g de azúcar en edulcorante sólido o líquido
- 60 g de leche entera
- 1 ½ cdtas. de extracto de vainilla
- 1 cdta. de zumo de limón

Estas magdalenas las puedes preparar sin ningún tipo de edulcorante, aunque quedan muy poco dulces para lo que estamos acostumbrados, pero tienen un rico sabor gracias al aguacate y los plátanos.

1. Calienta el horno a 220 °C para que esté en su punto al acabar de preparar la masa.

2. Coloca cápsulas de magdalena en una bandeja para magdalenas.

3. Mezcla con varillas la harina con la levadura y la sal.

4. Pela y corta el aguacate y los plátanos. Ponlos en un bol o vaso de batidora con las yemas, la leche, el edulcorante y el extracto de vainilla. Tritura hasta que no se vean trozos de fruta. Mezcla los sólidos con la mezcla de fruta.

5. Monta las claras a punto de nieve con una pizca de zumo de limón, sin que lleguen a estar muy firmes, y vierte la mezcla sólida sobre ellas; homogeneiza con espátula, con movimientos suaves y envolventes.

6. Distribuye la masa en las cápsulas preparadas hasta un 90 % de la altura (las magdalenas integrales crecen mucho menos que las de harina blanca).

7. Cuece en el tercio inferior del horno durante 15 minutos; baja la temperatura a 180 °C y prosigue 15-20 minutos, hasta que al introducir una brocheta en las magdalenas esta salga limpia. No abras el horno antes de ese tiempo.

8. Cuando estén bien cocidas saca la bandeja del horno y desmolda sobre una rejilla con cuidado.

Brownies de aguacate y dátiles

Cantidad: **Molde de 22 cm x 22 cm**	Dificultad: **baja**	Tiempo: **50 minutos**

Ingredientes:

- 200 g de dátiles deshuesados
- 240 g de agua
- 2 aguacates medianos
- 70 g de cacao en polvo
- 2 cdtas. de extracto de vainilla
- 2 huevos medianos (M)
- 90 g de harina integral (de trigo o centeno)
- ½ cdta. de levadura química
- un pellizco de sal

Lo de llamar a este *brownie* dulce ligero está muy cogido por los pelos (es casi una barrita energética), pero no hay que comérselo de una sentada; tómate un cuadradito cada día con el café. En esta receta sustituyo la mantequilla por aguacate, que combina de maravilla con cualquier dulce de chocolate y aporta la untuosidad necesaria.

1. Calienta el horno a 175 °C. Forra con papel de hornear un molde cuadrado de 20 cm x 20 cm o engrasa y espolvorea con cacao en polvo.

2. Trocea los dátiles, ponlos en un cazo con el agua y lleva a ebullición. Apaga el fuego y deja que se hidraten. Tritura solo muy ligeramente hasta obtener una pasta rugosa de dátil.

3. Pela y corta los aguacates. Tritura junto con los huevos, el cacao en polvo y el extracto de vainilla. Agrega la pasta de dátil y homogeneiza.

4. Pesa en otro bol la harina integral, la levadura química y la sal. Mezcla con varillas.

5. Mezcla los sólidos con la pasta de chocolate a mano o en un robot de cocina. Vierte en el molde y extiende por el fondo, alisando la superficie.

6. Cuece en el tercio inferior del horno 25-30 minutos, hasta que al introducir una brocheta en el centro esta salga limpia.

7. Cuando el brownie esté cocido sácalo, deja que enfríe 10 minutos y desmolda sobre una rejilla.

Bizcocho de calabacín y semillas

Cantidad:	Dificultad:	Tiempo:
Molde de 22 cm x 22 cm	**media**	**50 minutos**

Ingredientes:

- 280 g de harina integral (de trigo o centeno)
- 2 cdtas. de canela molida
- ½ cdta. de nuez moscada molida
- 10 g (2 cucharaditas) de levadura química
- 1 cdta. de sal
- 3 huevos grandes (L) a temperatura ambiente
- equivalente a 100 g de azúcar en edulcorante sólido
- 100 g de compota de manzana densa
- 100 g de aceite de oliva suave
- 300 g de calabacín rallado
- semillas al gusto

Los bizcochos de calabacín son un clásico porque esta hortaliza aporta mucha jugosidad a las masas. La combinación de la blandura de la miga con las semillas de la cobertura es adictiva.

1. Calienta el horno a 190 °C. Forra el molde con papel de hornear.

2. Mezcla la harina integral con la levadura, la sal y las especias molidas.

3. Separa las claras de las yemas. Mezcla estas con el aceite de oliva y la compota de manzana.

4. Añade estos líquidos a los sólidos y homogeneiza. Ralla el calabacín y mezcla.

5. Bate las claras solas y, cuando estén bien espumosas, añade el edulcorante sólido a cucharadas para obtener un merengue.

6. Añade a la masa un cucharón del merengue para fluidificarla; mezcla con espátula y movimientos suaves.

7. Vierte esta masa encima del merengue restante y mezcla con movimientos suaves y envolventes para no bajar el merengue, hasta homogeneizar.

8. Vierte en el molde y extiende, alisando la superficie. Espolvorea las semillas.

9. Cuece en el tercio inferior del horno 45-50 minutos, hasta que al introducir una brocheta en el centro esta salga limpia. Saca el molde del horno, deja que enfríe 10 minutos y desmolda sobre una rejilla con cuidado, tirando del papel.

Magdalenas de naranja

Cantidad:	Dificultad:	Tiempo:
12 magdalenas	**media**	**50 minutos**

Ingredientes:

- 2 naranjas grandes
- 125 g de aceite de oliva
- equivalente a 100 g de azúcar en edulcorante sólido
- 120 g de yogur natural sin endulzar
- 2 huevos grandes (L) a temperatura ambiente
- 1 cdta. de extracto de vainilla
- 180 g de harina integral
- 30 g de harina blanca
- 5 g (1 cdta.) de levadura química
- un pellizco de sal
- 1 cdta. de zumo de limón

Sencillas y ricas, la combinación de un buen aceite de oliva con el sabor a naranja gusta a cualquiera. Las claras montadas las hacen relativamente esponjosas.

1. Calienta el horno a 220 °C. Coloca cápsulas de magdalena en una bandeja para magdalenas.

2. Ralla la piel de las naranjas. Exprime el zumo solo de una mitad de naranja.

3. Mezcla el zumo de naranja y la ralladura con las yemas (separa las claras), el aceite de oliva, el yogur, el edulcorante y el extracto de vainilla.

4. Pesa los sólidos: harinas, levadura química y sal. Mezcla con varillas.

5. Mezcla los sólidos con los líquidos.

6. Monta las claras a punto de nieve con una pizca de zumo de limón, hasta que hagan picos blandos y vierte la mezcla sólida sobre ellas; homogeneiza con espátula, con movimientos suaves y envolventes.

7. Dosifica la masa en las cápsulas de magdalena hasta un 90 % de la altura (las magdalenas integrales crecen mucho menos que las de harina blanca).

8. Cuece en el tercio inferior del horno durante 15 minutos; baja la temperatura a 180 °C y prosigue 15-20 minutos, hasta que al introducir una brocheta en las magdalenas esta salga limpia. No abras el horno antes de ese tiempo.

9. Cuando estén bien cocidas saca la bandeja del horno y desmolda sobre una rejilla con cuidado.

Masas fermentadas dulces y bollería ligera

Masas fermentadas dulces y bollería ligera

Sección especial para los panaderos caseros aficionados: puedes preparar panes y bollería muy sabrosos con harinas integrales y sin azúcar ni mantequilla. De acuerdo, no parece muy posible hacer cruasanes de esta manera, pero el mundo no es perfecto.

Aunque hay alguna receta relativamente sencilla, es preferible que tengas algo de experiencia en la elaboración de panes antes de atreverte con estas recetas de masas dulces. Y ten en cuenta algo importante: las masas integrales son siempre menos tiernas porque se esponjan menos en la fermentación (no llegan a doblar el volumen) y en la cocción.

Las harinas

En la elaboración de las siguientes recetas es importante respetar el tipo de harina (de trigo) que se indica en cada una:

- Si indico harina de fuerza, es porque es necesario que así sea. La harina de fuerza contiene un porcentaje de proteína (que forma el gluten al hidratarse con los líquidos de la masa, normalmente entre un 12 % y 14 % de proteína) suficientemente elevado para desarrollar bien una miga de bollería, esponjosa y jugosa. Las grasas y azúcares que contiene una masa de bollería entorpecen la formación del gluten necesario, por eso la harina empleada debe tener más gluten que la de un pan corriente.

- Las harinas panificables son harinas de fuerza media-baja. En general, todas las harinas corrientes de supermercado (ni de fuerza ni de repostería) pueden servir para hacer pan, pero para bollería la fuerza de la harina debe ser alta, en general. Su contenido en proteína oscilaría entre el 10 % y el 11 %.

- Las harinas flojas y perfectas para repostería sin fermentación, como los bizcochos y magdalenas del libro, son aquellas con menos del 9 % o 10 % de proteína.

Actualmente hay muchas harinas de gran consumo que aportan esta información en su envase.

Ya sé lo que me vas a decir en cuanto leas alguna de las recetas: «Miriam, me parece que has hecho un poco de trampa, porque las masas fermentadas de este capítulo llevan todas una proporción de harina blanca, por poca que sea». Correcto... encuentro difícil hacer bollería mínimamente esponjosa con una proporción del 100 % de harina integral. Pero tú eres muy libre de replicar las recetas con harina integral al completo y formarte tu propia opinión. Y como he dicho ya varias veces a lo largo del libro: estos dulces hay que verlos como un capricho esporádico, no como algo que vayas a comer todos los días.

Pan integral con harina de castaña

Cantidad:	Dificultad:	Tiempo:
1 pan grande	**baja**	**5-6 horas**

Ingredientes para 1 pan grande o 2 pequeños:

- 500 g de harina de fuerza integral
- 50 g de harina blanca panificable (harina corriente)
- 200 g de harina de castaña
- 500-520 g de agua
- 10 g de sal
- 1 g de levadura de panadería seca (3 g de levadura fresca)
- 150 g de castañas asadas o cocidas, en trocitos (facultativo)

La harina de castañas no es fácil de encontrar, pero tiene un dulzor y un sabor muy especiales, además del poder saciante que le da al pan.

1. La noche anterior prepara un fermento previo con 100 g de harina de fuerza integral, 100 g de agua y la levadura. Remueve, tapa y deja fermentar hasta el día siguiente.

2. Añade al prefermento las harinas restantes, 400-420 g de agua, la harina de castaña y la sal; amasa en intervalos de 1 minuto, con reposos intermedios de 10 minutos, tantas veces como sea necesario para que la masa se afine.

3. Haz una bola, métela en un recipiente engrasado, tapa y deja fermentar hasta que suba un 50 %.

4. Saca la masa a la encimera y aplástala para quitarle el gas. Aplana la masa en forma de rectángulo y distribuye los trocitos de castaña por encima, si los pones.

5. Forma un rollo que quepa en un molde rectangular para pan de 1-1,25 kg (o dos rollos con la mitad de la masa para moldes pequeños). Tapa y deja levar de nuevo.

6. Calienta el horno a 230 °C. Cuando el horno y el pan estén listos, hornea el pan en el tercio inferior del horno, con calor arriba y abajo 15 minutos y luego con aire a 190 °C otros 25 minutos mínimo.

7. Saca el molde, desmolda y cuece otros 10 minutos para que quede más firme por fuera. Pasa el pan a una rejilla para enfriarlo por completo antes de cortarlo.

Pan de molde con canela

Cantidad:		Dificultad:	Tiempo:
Molde de 25 cm x 11 cm		**alta**	**6-7 horas**

Ingredientes:

Prefermento

- 120 g de harina de fuerza integral
- 240 g de agua
- 1 g de levadura de panadería liofilizada (3 g de levadura fresca)

Masa final

- prefermento
- 150 g de harina de fuerza blanca
- 320 g de harina de fuerza integral
- 120 g de zumo de naranja
- 5 g de levadura de panadería liofilizada (15 g de levadura fresca)
- 10 g de sal
- 120 g de leche
- 15 g de leche en polvo
- 30 g de copos de puré de patata
- 1 cucharadita de estevia
- 60 g de aceite de oliva
- 220 g de relleno de dátiles con canela (consulta las elaboraciones básicas)

Para aligerar la miga integral se usan trucos que dan mayor suavidad y jugosidad, como son la leche en polvo y la fécula de patata.

Masa

1. Mezcla el prefermento la noche anterior; tapa y deja fermentar toda la noche a temperatura ambiente.

2. Añade el prefermento a los ingredientes de la masa final (a excepción del aceite) y amasa 2 minutos. Deja reposar 10 minutos.

3. Añade el aceite de oliva. Amasa hasta obtener una masa elástica. Haz una bola con la masa, pon en un recipiente engrasado, tapa y deja que doble el volumen.

Montaje

4. Extiende la masa en la mesa enharinada en forma de rectángulo de 50 cm x 25 cm. Extiende el relleno de dátiles, dejando un margen en uno de los lados cortos para sellar. Enrolla la masa desde el lado corto opuesto, sin apretar.

5. Asienta en el molde con la unión hacia abajo. Tapa y deja fermentar; no llegará a doblar el volumen.

6. Cuando la masa casi esté fermentada, calienta el horno a 210 °C. Cuece el pan en el tercio inferior con calor arriba y abajo 15 minutos; después otros 20 minutos a 180 °C hasta que esté dorado y cocido por dentro.

7. Saca y deja reposar 10 minutos. Desmolda y deja enfriar en una rejilla.

Scones integrales de arándanos y semillas

Cantidad:		Dificultad:		Tiempo:
8 scones		**baja**		**45 minutos**

Ingredientes:

- 260 g de harina integral
- 10 g (2 cucharaditas) de levadura química
- 5 g de sal
- equivalente a 40 g de azúcar en edulcorante sólido o líquido
- 1 huevo mediano (M)
- 60 g de aceite de oliva virgen
- 50-60 g de leche
- 40 g de arándanos desecados (100 g de arándanos frescos)
- semillas al gusto (calabaza, girasol, lino, amapola)

Los scones están en su punto recién hechos; van perdiendo suculencia a medida que pasa el tiempo. Si te sobran y quieres tomarlos, tuéstalos; el tostado los revive bastante.

1. Calienta el horno a 190 °C.

2. Pesa la harina con la levadura química, el edulcorante (si lo usas sólido) y la sal. Mezcla con varillas.

3. Añade el aceite de oliva y frota con la punta de los dedos o remueve con una espátula de silicona, haciendo como que cortas, hasta obtener una mezcla arenosa, o ponlo todo en un robot y pulsa varias veces.

4. Añade el huevo batido (junto con el edulcorante líquido, si lo usas) y mezcla.

5. Vierte la leche y mezcla a mano o con un robot justo hasta que la masa se cohesione; debe quedar basta y granulosa. Agrega los arándanos y vuelve a mezclar lo justo.

6. Enharina un papel de hornear y extiende la masa en forma redonda hasta un grosor de unos 2-3 cm. La masa debe ser adherente, pero no muy pegajosa.

7. Pinta la superficie con un poco de agua o huevo batido; espolvorea semillas generosamente y presiona para que se peguen. Corta la torta en 8 cuñas y sepáralas un poco entre sí para que no se peguen en la cocción.

8. Pasa los scones a una bandeja de horno sobre el mismo papel y cuece unos 15-20 minutos. Sácalos y sirve templaditos.

Tortas de aceite y anís

Cantidad:	Dificultad:	Tiempo:
10 tortas	**baja**	**3 horas**

Ingredientes:

- 330 g de harina integral
- 115 g de agua
- 2 g de levadura de panadería liofilizada (o 6 g de levadura fresca)
- 2 g de sal
- 140 g de aceite de oliva virgen
- 0,2 g de esencia de anís o 1 cdta. de licor de anís
- equivalente a 40 g de azúcar en edulcorante sólido
- 5 g de anís en grano
- 4 g de ajonjolí o sésamo
- edulcorante sólido adicional para espolvorear

La elaboración de las clásicas tortas de aceite y anís está marcada por un pliego de condiciones como Especialidad Tradicional Garantizada, ETG. Esta receta no es más que una reelaboración de la fórmula tradicional, sustituyendo la harina por harina integral y el azúcar por edulcorante.

1. Pesa la harina con la levadura de panadería, el edulcorante y la sal. Mezcla con varillas.

2. Añade el aceite de oliva, el agua y la esencia de anís o el licor. Amasa hasta que la masa se cohesione; debe quedar poco pegajosa, aunque se notará la grasa.

3. Agrega el anís en grano y el ajonjolí, y vuelve a amasar hasta que la masa se despegue de las paredes. Tapa y deja que doble el volumen.

4. Cuando la masa casi esté fermentada, calienta el horno a 190 °C.

5. Pasa la masa a la mesa y aplástala para quitarle el gas.

6. Divide la masa en 10 porciones iguales; estíralas con rodillo en forma de tortas de 15 cm de diámetro y unos 3 mm de espesor.

7. Pasa cada torta por edulcorante granulado por las dos caras. Pásalas a papeles de hornear.

8. Cuece las tortas por tandas en el tercio inferior del horno con calor arriba y abajo, 10 minutos hasta que estén doraditas.

9. Sácalas a enfriar en una rejilla sobre el mismo papel. Si te quedan poco crujientes al enfriar, déjalas 12 horas al aire.

Bollitos de naranja y anís

Cantidad:	Dificultad:	Tiempo:
9-12 bollitos	**media**	**6 horas**

Ingredientes:

Papilla de harina
- 30 g de harina de fuerza integral
- 150 g de leche

Masa final
- la papilla anterior
- 180 g de harina de fuerza blanca
- 350 g de harina de fuerza integral
- 100 g de zumo de naranja
- ralladura de 1 naranja
- 6 g de levadura de panadería liofilizada (o 18 g de levadura fresca)
- 10 g de sal
- 160 g de leche
- 20 g de semillas de anís
- equivalente a 50 g de azúcar en endulzante sólido
- 60 g de aceite de oliva
- 1 huevo para pintar

La bollería integral tiene una miga más pesada que la bollería blanca, por lo que uso el artificio de la papilla de harina o *tangzhong*, un invento japonés que aporta jugosidad y mejora la duración del bollo.

1. Prepara la papilla calentando en un cazo la harina y la leche a fuego bajo, removiendo con varillas hasta que espese. Tapa con plástico y deja enfriar.

2. Junta las harinas con la levadura, el zumo, la ralladura, el resto de la leche, el endulzante, la sal y el anís. Añade la papilla y amasa 2 minutos. Deja reposar 10 minutos.

3. Añade el aceite de oliva. Sigue amasando hasta obtener una masa elástica.

4. Tapa y deja fermentar (no llega a doblar).

5. Aplasta la masa para quitarle el gas. Divide en 9-12 porciones. Bolea los bollitos recogiéndolos como en un hatillo y aprieta la unión.

6. Ponlos en el molde elegido, dejando dos dedos de separación entre ellos. Tapa el molde y deja fermentar de nuevo, casi hasta doblar.

7. Calienta el horno a 210 °C. Pinta los bollos con huevo batido.

8. Cuece en el tercio inferior con calor arriba y abajo, 15 minutos; baja a 180 °C y continúa otros 10-15 minutos hasta que estén dorados.

9. Saca a enfriar sobre una rejilla.

Bizcocho panadero integral

Cantidad:	Dificultad:	Tiempo:
Molde de 25 cm x 11 cm	**media**	**8 horas**

Ingredientes:

Masa previa

- 110 g de harina panificable o corriente blanca
- 70 g de agua
- 1 g de levadura seca de panadería (o 3 g de levadura fresca)

Masa final

- 4 huevos medianos (unos 220 g)
- 110 g de harina integral (no tiene que ser de fuerza)
- equivalente a 200 g de azúcar en edulcorante sólido
- 4 g de sal
- 4 g de levadura de panadería liofilizada (o 10 g de levadura fresca)
- 100 g de aceite de oliva suave
- 30 g de leche entera

Los bizcochos antiguos eran como este, fermentado porque la levadura química no existía. La fermentación le da un sabor apabullante.

Masa previa

1. La noche anterior mezcla los ingredientes sin amasar, tapa y fermenta toda la noche. También puedes usar la misma cantidad de masa vieja de un pan anterior (hidratación del 64 %).

Masa final

2. Pesa los huevos para ajustar los demás ingredientes a ellos. Si no pesan 220 g, corrige las cantidades con una regla de tres; la masa previa no se modifica.

3. Mezcla con batidora la masa previa con todos los ingredientes de la masa final, excepto la harina. Añade la harina y homogeneiza de nuevo. Tapa y fermenta (unas 5 horas a 21 °C) hasta que esponje.

4. Quita un poco de gas a la masa metiendo unas varillas y removiendo muy ligeramente.

5. Prepara un molde forrándolo con papel de hornear porque es mucho más fácil extraer luego el bizcocho.

6. Vierte la masa, alisa, tapa y deja levar de nuevo el 20-25 % del volumen (entre 30 y 60 minutos).

7. Cuece en el horno calentado a 180 °C entre 25 y 35 minutos, hasta que esté bien dorado y levado.

8. Saca el molde, deja reposar 10 minutos y extrae el bizcocho tirando del papel; ponlo en una rejilla y deja enfriar.

Muffins ingleses integrales

Cantidad:	Dificultad:	Tiempo:
6-7 bollitos	**media**	**4 horas**

Ingredientes:

- 100 g de yogur natural sin endulzar
- 150 g de leche
- 20 g de aceite de oliva
- ¾ de cdta. de estevia líquida
- 200 g de harina integral de fuerza
- 50 g de harina blanca corriente
- 5 g de levadura liofilizada (o 15 g de levadura fresca)
- 3 g de levadura química
- 5 g de sal

Los *muffins* ingleses gustan a todo el mundo porque son facilísimos de hacer, prepararlos en la sartén te hace más feliz y se pueden deglutir calentitos, recién hechos, con compotas saludables, crema de chocolate o mantecas de frutos secos (consulta las elaboraciones básicas).

1. Mezcla el yogur con la leche y la estevia. Aparte mezcla los sólidos con varillas. Junta líquidos con sólidos y amasa un par de minutos.

2. Añade el aceite de oliva y prosigue amasando hasta que obtengas una masa elástica, pero bastante pegajosa puesto que tiene una hidratación alta.

3. Pon la masa en un recipiente engrasado, tapa y fermenta hasta casi doblar.

4. Pasa la masa a la mesa bien enharinada con mucho cuidado para mantener el gas.

5. Enharina por encima y pasa un rodillo con suavidad (o aplasta con los dedos con delicadeza), hasta dejar un grosor aproximado de 1 cm.

6. Con un cortapastas de 7-8 cm corta círculos de masa. Los recortes los puedes reunir con cuidado y seguir cortando hasta acabar la masa.

7. Calienta una sartén o plancha de fondo grueso a fuego medio-bajo. Engrásala ligeramente con aceite de oliva.

8. Toma los círculos de masa con delicadeza y ponlos sobre la plancha por tandas.

9. Cuece hasta que estén bien tostados por una cara y dales la vuelta. Cuece por la otra cara y sácalos a templar a una rejilla.

Gofres a la antigua

Cantidad:		Dificultad:		Tiempo:	
6-7 gofres		**media**		**4 horas**	

Ingredientes:

- 2 huevos grandes (L)
- 350 g de leche
- 50 g de aceite de oliva
- ¾ de cdta. de estevia líquida
- un buen pellizco de sal
- 1 cdta. de extracto de vainilla
- 240-250 g de harina integral floja
- 3 g de levadura de panadería liofilizada (9 g de levadura fresca)

Frente a la versión levada únicamente con levadura química que tienes en la sección de desayunos, estos gofres de masa fermentada son más tradicionales, menos dulces y con más sabor. Son estupendos con el desayuno porque la masa la puedes dejar levar toda la noche en la nevera, una vez que ha empezado a fermentar, y preparar los gofres al momento. Imagínatelo.

1. En un bol grande, mezcla todos los ingredientes hasta obtener una masa más o menos homogénea.

2. Tapa el bol y deja que la mezcla fermente hasta que esté levada y burbujeante; el tiempo depende de la temperatura ambiente y del estado de la levadura.

3. Pon a calentar una sartén para gofres o una gofrera eléctrica. Engrásala ligeramente con aceite de oliva o con espray desmoldante.

4. Cuando la sartén o gofrera esté bien caliente, vierte la cantidad de masa burbujeante que admita la capacidad del aparato y cierra la tapa.

5. Cuece hasta que estén bien tostados por ambas caras, dependerá de tu fuego o aparato.

6. Ve sacando los gofres preparados a un plato y cúbrelos con un paño para mantener el calor, hasta que los tengas todos cocidos.

Molletes integrales a mi manera

Cantidad:
8 molletes

Dificultad:
media

Tiempo:
5 horas

Ingredientes:

- 500 g de harina integral corriente (o de espelta)
- 50 g de aceite de oliva virgen
- 5 g de estevia líquida
- 350 g de agua
- 10 g de sal
- 2 g de levadura de panadería liofilizada (o 6 g de levadura fresca)

Los molletes de Antequera son deliciosos, tiernos y perfectos para desayunos, meriendas y tentempiés. En lo que atañe al tostado existen dos escuelas del molletismo: quien los tuesta enteros y luego los abre, y quien prefiere tostarlos ya abiertos. Excusa para hacerlos dos veces y comparar.

1. Mezcla todos los ingredientes en un bol y amasa en intervalos de un minuto separados por reposos de 10 minutos. No harán falta muchos ciclos (3-4) hasta que la masa esté elástica. Pon en un recipiente engrasado, tapa y deja casi doblar el volumen.

2. Aplasta la masa sobre la mesa bien enharinada para quitarle el gas. Haz un rollo con la masa y divide en 8 rebanadas de tamaño similar.

3. Espolvorea los cortes de las rebanadas con harina o sémola, y aplasta cada rebanada en forma de óvalo hasta un grosor de 1 cm.

4. Pasa los molletes formados a un paño bien enharinado, tapa con un plástico y deja fermentar de nuevo, casi hasta doblar.

5. Calienta el horno a 230 °C. Pasa los molletes con cuidado, volcándolos con delicadeza desde el paño, a una bandeja forrada con papel de horno.

6. Cuece en el tercio inferior con calor arriba y abajo, 10-12 minutos, vaporizando un poco de agua en el horno al meterlos; deben quedar pálidos, no deben dorarse.

7. Saca a enfriar a una rejilla y consúmelos tostaditos en tostadora o sartén.

Panecillos suecos integrales

Cantidad:	Dificultad:	Tiempo:
24 panecillos	**alta**	**5 horas**

Ingredientes:

Prefermento
- 350 g de harina de fuerza integral
- 260 g de leche
- 5 g de levadura de panadería liofilizada (o 15 g de levadura fresca)

Masa final
- prefermento
- 230 g de harina de fuerza integral
- 1 huevo grande (L)
- 70 g de leche entera
- 10 g de sal
- 5 g de cardamomo molido
- equivalente a 70 g de azúcar en edulcorante sólido o líquido
- 80 g de aceite de oliva

Estos panecillos suecos quedan muy parecidos a los comerciales, pero sabiendo qué harinas usas y sin azúcar ni mantequilla. Riquísimos y un poquito adictivos. Ah, y si prefieres no tostarlos y tomarlos blanditos, adelante.

1. Mezcla todos los ingredientes del prefermento, solo hasta homogeneizar, sin amasar. Deja fermentar tapado.

2. Mezcla el prefermento con el resto de los ingredientes, excepto el aceite. Amasa en ciclos de 1-2 minutos separados por reposos de 10 minutos.

3. Al cabo de 3-4 ciclos añade el aceite, y amasa hasta que se integre. Sigue amasando hasta obtener una masa elástica.

4. Haz una bola, ponla en un cuenco engrasado, tapa y deja levar; no llega a doblar.

5. Divide en 23-24 porciones de 40-50 g. Forma panecillos. Colócalos sobre una bandeja de horno, algo separados, tapa con plástico y deja fermentar.

6. Mientras tanto, calienta el horno a 230 °C.

7. Una vez fermentados (con que suban un 50 % es suficiente), rocíalos con agua y mete en el horno (sin aire, solo calor arriba y abajo). Cuece 9-10 minutos, se hacen enseguida.

8. Pasa a una rejilla a enfriar del todo.

9. Abre los bollos por la mitad con un tenedor y sécalos en el horno a 130 °C el tiempo necesario para que se tuesten, depende de cada horno.

Crumpets integrales en sartén

Cantidad:
9-10 crumpets

Dificultad:
media

Tiempo:
3 horas

Ingredientes:

- 175 g de harina de fuerza integral
- 175 g de harina corriente integral
- 10 g de levadura de panadería liofilizada (o 30 g de levadura fresca)
- equivalente a 20 g de azúcar en edulcorante sólido o líquido
- 350 g de leche
- 6 g de sal
- 150-200 g de agua
- ½ cdta. de bicarbonato sódico
- algo de aceite de oliva para la sartén y los aros

1. Mezcla los 6 primeros ingredientes hasta homogeneizar.

2. Tapa la masa y deja levar. Espera hasta que haya fermentado y empiece a desinflarse; aparte mezcla el bicarbonato con 150 g de agua tibia y mezcla con la masa. Añade algo más de agua si hiciera falta hasta obtener una consistencia como de masa de tortitas americanas. Deja reposar 20 minutos.

3. Calienta una sartén o plancha de fondo grueso a fuego medio. Engrásala ligeramente con aceite de oliva, al igual que el interior de unos aros de emplatar o moldes de 10 cm. Pon los aros sobre la sartén para que se calienten.

4. Vierte un cacillo de masa dentro de cada aro caliente. La masa crecerá; da la vuelta a los crumpets al cabo de unos 4-5 minutos, cuando aparezcan burbujas en la superficie, y tuesta por el otro lado hasta que estén doraditos. Hay que dejar que se tuesten bastante, pues de lo contrario pueden quedar crudos por el centro.

5. Sirve de inmediato o deja enfriar y tuéstalos para consumirlos.

Los *crumpets* británicos están a medio camino entre las tortitas y los panecillos, como los *muffins* ingleses. Blanditos y tiernos, no pierden nada siendo integrales, sino que ganan en sabor y, a pesar de fermentarse, no tardas mucho en hacerlos. Deliciosos con compotas y mermeladas sin azúcar.

Helados y sorbetes ligeros

No es fácil hacer helados, sorbetes o polos sin azúcar que tengan la misma cremosidad que un helado clásico, puesto que el azúcar contribuye en gran medida a suavizar la base del helado. El azúcar ayuda a que los cristales de hielo sean más pequeños y, por lo tanto, a que el helado resulte más suave al paladar.

Y lo que ya es para nota es hacer helados sin nata o con poca cantidad para evitar tal cantidad de grasa...

En el caso de helados sin lácteos como son los sorbetes, granizados y algunos polos, uso frutas con mucha pectina y azúcares propios, como el plátano y el mango, o aguacate, que suaviza la mezcla gracias a su contenido graso.

Para mantecar helados, es decir, para batirlos mientras se congelan y conseguir un tamaño fino de los cristales de hielo, encuentro casi imprescindible tener una máquina heladera, aunque sea del tipo sencillo con cubeta que se congela previamente. El resultado es apreciablemente mejor que por el método tradicional de meter la mezcla en el congelador y sacarla para batir a cada tanto.

Polos de plátano y crema de avellanas y chocolate

Cantidad: **4 polos**	Dificultad: **baja**	Tiempo: **12 horas**

Ingredientes:

- 4 plátanos grandes y maduros
- 100 g de crema de avellanas con chocolate o de manteca de frutos secos (consulta las elaboraciones básicas)
- 1 cucharadita de estevia líquida (facultativo)
- cobertura de chocolate sin azúcar para recubrir los polos (facultativo)

1. Pela los plátanos y corta en rodajas. Ponlos en el vaso de una batidora potente.

2. Añade la crema de chocolate y avellanas, o la manteca elegida, y la estevia líquida si la pones. Tritura y mezcla perfectamente.

3. Llena unos moldes de polos con esta mezcla, coloca los palitos y lleva al congelador hasta que los polos estén duros.

4. Si quieres, cuando los polos estén acabados puedes bañarlos en chocolate. Derrite el chocolate sin azúcar en un bol hondo en el microondas y baña los polos recién salidos del congelador. El chocolate se solidificará al instante.

Lo más importante que te puedo decir de estos polos: son adictivos. Esta mezcla se puede servir perfectamente en forma de helado, recién triturada, si congelas previamente las rodajas de plátano y las trituras congeladas.

Helado de vainilla sin azúcar (base clásica endulzada con edulcorante)

Cantidad:	Dificultad:	Tiempo:
¾ de litro de helado	**baja**	**12 horas**

Ingredientes:

- 290 g de leche evaporada
- equivalente a 90 g de azúcar de edulcorante sólido
- 60 g de yemas de huevo (unas 3 unidades)
- las semillas de ½ vaina de vainilla (o 1 cucharadita de extracto o pasta de vainilla)
- 290 g de nata o crema de leche (35 % de grasa)

Este helado de vainilla es delicioso sin nada más, siempre que uses una vainilla de calidad, pero es también una base de helado excelente para otros sabores. Prueba a aromatizar con canela en lugar de vainilla o a añadir un par de cucharadas de buen cacao en polvo... mmmm.

1. Pon en un cazo las yemas de huevo, la leche evaporada, el edulcorante y la vainilla.

2. Calienta a fuego muy suave (o incluso al baño maría) sin dejar de remover hasta que espese (alrededor de los 75 °C). Cuidado con pasarse pues se puede cortar. Obtendrás unas natillas claritas.

3. Mete esta crema en una bolsa zip, ciérrala y enfríala en un baño de hielo (preparado con agua, hielo y algo de sal), hasta unos 10 °C.

4. Deja toda una noche en la nevera dentro de la bolsa para que la mezcla madure y coja cuerpo.

5. Al día siguiente, pon la nata bien fría en un bol y móntala ligeramente, solo hasta que comiencen a apreciarse los surcos de las varillas en la superficie.

6. Agrega la crema de vainilla fría y mezcla con movimientos envolventes hasta homogeneizar.

7. Manteca esta crema de helado, preferiblemente en una máquina heladera hasta obtener un helado blando que hay que congelar unas horas para que acabe de solidificar; o por el método tradicional, congelando la mezcla y sacándola al exterior para batirla cada 45 minutos hasta que adquiera la consistencia de helado.

Granizado de café

Cantidad:		Dificultad:		Tiempo:	
4 granizados		**baja**		**12 horas**	

Ingredientes:

- 500 ml de café cargado
- 3 vainas de cardamomo (facultativo)
- un pellizco de sal
- 100 ml de leche evaporada
- estevia al gusto
- leche evaporada adicional para servir

1. Abre las vainas de cardamomo y extrae las semillas. Reserva.

2. Prepara el café cargado a tu gusto y con el sistema que suelas emplear. Una vez preparado y aún caliente, ponlo en un recipiente y añade las semillas de cardamomo. Tapa y deja que se enfríe mientras se aromatiza.

3. Cuando esté frío, añade la leche evaporada, la sal y la estevia; prueba hasta que esté a tu gusto.

4. Cuela y vierte en un recipiente llano y amplio, y mételo en el congelador hasta que esté completamente duro.

5. Para servir el granizado de café, rasca el café congelado con un tenedor para sacar el granizado y sirve en vasos o boles. Acompaña con un buen chorretón de leche evaporada.

6. También puedes congelar el café en cubiteras y triturarlo antes de servir con una batidora potente. Obtienes un granizado más fino, similar a un sorbete de café.

Este sencillísimo granizado de café con un aroma inspirado en el café típico vietnamita es perfecto para los muy cafeteros. Si eres un entendido y empleas un buen café extraído en frío (cold brew) obtendrás un sabor fantástico, aunque en este caso tendrás que aromatizar con el cardamomo también en frío, dejando las semillas 12 horas por lo menos.

Helado de yogur y frutos rojos

Cantidad:	Dificultad:	Tiempo:
¾ de litro de helado	**baja**	**12 horas**

Ingredientes:

- 350 g de frutos rojos al gusto
- 350 g de yogur griego espeso desuerado (consulta las elaboraciones básicas)
- el zumo de 1 limón
- estevia al gusto

Este helado con base de yogur espeso resulta ligero y le va de miedo al sabor de los frutos rojos. Ten en cuenta que recién hecho queda suave; al congelar se endurece, pero si te pasas de congelado te quedará bastante duro; es lo que tiene que no lleve azúcar ni mucha grasa, nunca va a resultar tan untuoso como un helado tradicional, pero te aseguro que te encantará.

1. Desuera el yogur griego como indico en las elaboraciones básicas, hasta que esté casi tan espeso como un queso crema. Mantenlo en la nevera.

2. Lava y prepara la fruta. Sécala, trocea y coloca en una bandeja. Deja toda la noche congelando mientras el yogur se escurre.

3. Hay frutos rojos que dan mejor resultado en crudo, como las cerezas y fresas, mientras que otros intensifican su sabor si los cocinas un poco previamente, como las frambuesas y arándanos. Cuécelos brevemente, hasta que se conviertan en un puré, y pásalos a cubiteras para congelarlos de esta forma en lugar de crudos.

4. Tritura bien la fruta congelada en un robot potente, hasta que no queden trozos. Añade de inmediato el zumo de limón, el yogur espeso y la estevia.

5. Continúa triturando hasta obtener una mezcla homogénea. Prueba el dulzor y rectifica si fuera necesario; recuerda que lo debes notar dulce, pues con la congelación la percepción del dulzor disminuye.

6. Pasa rápidamente a tarritos y consume de inmediato, en forma de helado suave, o mete en el congelador para que acabe de congelarse.

Granizado de naranja

Cantidad:		Dificultad:		Tiempo:
4 granizados		**baja**		**12 horas**

Ingredientes:

- 6 naranjas sanguina o corrientes (aproximadamente 1,25 kg)
- 1 limón
- estevia líquida al gusto
- una punta de cuchara de goma xantana (facultativo, estabilizante de origen natural para suavizar el cristalizado)

Los granizados son sencillísimos de hacer, refrescantes y permiten endulzar con estevia en el grado que prefieras; más ligeros, imposible. Admiten muchas variaciones de sabores; este de cítricos es de los ejemplos más sencillos, pero prueba a hacerlo con mango o piña, por ejemplo, o con una mezcla de varias frutas.

1. Pela las naranjas a conciencia, eliminando toda la piel blanca interior o albedo, que puede dar sabor amargo al granizado. Haz lo propio con el limón.

2. Pon los gajos de los cítricos en un robot potente o batidora de vaso y tritura a fondo, hasta obtener un puré fino.

3. Endulza el puré de naranja con estevia a tu gusto; ten en cuenta que debes percibirlo dulce, pues una vez congelado la percepción del dulzor es menor.

4. Si quieres suavizar un poco el cristalizado, añade la goma xantana y bate 2 minutos para que actúe.

5. Vierte el granizado en un recipiente bajo que luego permita rascar la superficie con un tenedor y llévalo al congelador. Déjalo por lo menos toda una noche.

6. Para servir el granizado, saca el recipiente y rasca la superficie hasta obtener la cantidad de granizado que quieras. Pásalo a una copa de helado o vaso, adorna con una rodaja de naranja y sírvelo.

Helado de aguacate

Cantidad:		Dificultad:		Tiempo:	
1 ¼ litros de helado		**baja**		**12 horas**	

Ingredientes:

- 250 g de leche entera
- 250 g de leche evaporada
- 4 cdtas. de maicena
- 4 aguacates
- estevia
- el zumo de 2 limas o 1 limón
- 1 cdta. de extracto de vainilla
- un pellizco de sal

1. Pon en un cazo la leche entera con la leche evaporada. Añade la maicena y remueve para desleír.

2. Calienta a fuego suave sin dejar de remover, hasta que espese. Reserva.

3. Pela y deshuesa los aguacates y añádelos a la papilla preparada cuando esté fría. Tritura.

4. Agrega el resto de los ingredientes: el zumo de las limas o limón, el extracto de vainilla, la sal y la estevia. Prueba el dulzor y ajústalo si fuera necesario; recuerda que lo debes notar dulce, pues con la congelación la percepción del dulzor disminuye.

5. Mete la mezcla en una bolsa zip y deja toda una noche en la nevera para que madure.

6. Manteca la crema de helado, preferiblemente en una máquina heladera, o por el método tradicional, congelando la mezcla y sacándola al exterior para batirla cada 45 minutos.

Este helado de aguacate es original y tiene la untuosidad de esta fruta, así como su lindo color. El almidón de la maicena contribuye a suavizar un helado que no lleva huevo.

Polos de yogur y mango

Cantidad:		Dificultad:		Tiempo:	
7-8 polos		**baja**		**12 horas**	

Ingredientes:

- 2 mangos grandes y maduros
- 150 g de yogur griego escurrido (pesado ya desuerado)
- el zumo de 1 limón
- estevia al gusto
- un buen pellizco de cúrcuma

1. Desuera el yogur griego como indico en las elaboraciones básicas, hasta que esté casi tan espeso como un queso crema. Mantenlo en la nevera.

2. Al día siguiente, pela y prepara los mangos; pártelos en trozos, añade el zumo de limón y tritura a tope con batidora, hasta que esté bien fino.

3. Añade el yogur compacto y el resto de los ingredientes, la cúrcuma y la estevia.

4. Bate hasta obtener una mezcla homogénea. Prueba el dulzor y rectifica si fuera necesario; recuerda que lo debes notar dulce, pues con la congelación la percepción del dulzor disminuye.

5. Vierte la mezcla en moldes de polos y mete en el congelador por lo menos 8 horas.

Estos polos con base de yogur espeso siguen el modelo de los *lassis* indios, batidos de fruta y yogur muy típicos en la India, de ahí el añadido de la cúrcuma. El mango es una fruta con mucha pectina por lo que es estupendo para sorbetes y polos de este tipo, pues da más untuosidad que otras frutas.

Helado de yogur, manteca de frutos secos y dátiles

Cantidad:		Dificultad:		Tiempo:	
1 ¼ litros de helado		**baja**		**12 horas**	

Ingredientes:

- 250 g de leche entera
- 250 g de yogur griego denso (consulta las elaboraciones básicas)
- 2 cdtas. de maicena
- 200 g de manteca de frutos secos
- 80 g de dátiles deshuesados (unas 4 piezas)
- 1 cdta. de extracto de vainilla
- un pellizco de sal

Este helado tiene, sobre todo, el sabor de la manteca de frutos secos que elijas. Obviamente, no sirve para todos los frutos secos, pues el dátil tiene un sabor suficientemente acusado como para que sirva de base a sabores delicados, pero sí es apto para sabores intensos como el helado de chocolate.

1. Pon en un cazo la leche entera. Añade la maicena y remueve para desleír.

2. Calienta a fuego suave sin dejar de remover, hasta que espese.

3. Añade los dátiles deshuesados, tapa el cazo y deja que se ablanden. Cuando esté fría la mezcla, tritura a fondo.

4. Agrega el extracto de vainilla y la sal. Prueba el dulzor y ajústalo si fuera necesario con algo de estevia; recuerda que lo debes notar dulce, pues con la congelación la percepción del dulzor disminuye.

5. Añade el yogur griego y la manteca de frutos secos elegida.

6. Mete la mezcla en una bolsa zip y deja toda una noche en la nevera para que madure.

7. Manteca la crema de helado, preferiblemente en una máquina heladera, o por el método tradicional, congelando la mezcla y sacándola al exterior para batirla cada 45 minutos.

Sorbete de mango y piña

Cantidad:	Dificultad:	Tiempo:
6 personas	**baja**	**12 horas**

Ingredientes:

- 4 mangos maduros
- 120 g de piña
- 180 g de leche de coco
- equivalente a 100 g de azúcar en edulcorante sólido o líquido
- 3 cdas. de zumo de limón

1. Pela los mangos y la piña. Pon ambas pulpas en el vaso de una batidora o robot potente y tritura a conciencia.

2. Añade la leche de coco, el zumo de limón y el edulcorante. Prueba el punto y añade más limón o más edulcorante, si quieres.

3. Pon en un recipiente hermético y refrigera toda una noche.

4. Al día siguiente, manteca el sorbete, preferiblemente en una máquina heladera hasta obtener un sorbete blando que hay que congelar unas horas para que acabe de solidificar; o por el método tradicional, congelando la mezcla y sacándola al exterior para batirla cada 45 minutos hasta que adopte la consistencia de sorbete.

Todos los sorbetes y polos con mango resultan untuosos en comparación con los de otras frutas por la gran proporción de pectina que tiene esta fruta; asimismo en esta receta la leche de coco contribuye a aumentar aún más la suavidad pues contiene grasa. Con una máquina para helados el resultado es maravilloso. Esta mezcla es igualmente apta para hacer polos, vertiéndola directamente en los moldes, aunque no quedan tan suaves como el sorbete pues no se bate la mezcla.

Bibliografía

Alonso Marco, Inés (2014), «¿Es mejor comer pre-remojados los frutos secos? ¿Sabemos lo que comemos?», <http://alimentarseconconocimiento.blogspot.com/2013/09/es-mejor-comer-pre-remojados-los-frutos.html>.

American Diabetes Association (2016), «Fruits», <http://www.diabetes.org/food-and-fitness/food/what-can-i-eat/making-healthy-food-choices/fruits.html>.

Dávila, Marbelly A., Elba Sangronis y Marisela Granito (2003), «Leguminosas germinadas o fermentadas: alimentos o ingredientes de alimentos funcionales», Archivos latinoamericanos de nutrición, <https://www.alanrevista.org/ediciones/2003/4/art-2/>.

Dolson, Laura (2019), «Is coconut sugar really low carb?», <https://www.verywellfit.com/coconut-sugar-is-it-really-low-carb-2241843>.

Fountaine, Sylvia (2011), «Mini pear and berry crumbles with nigella seeds», <https://www.feastingathome.com/mini-pear-and-berry-crumbles-with-nigella-seeds/>.

Frenkiel, David y Luise Vindahl (2019), «Tahini rye cookies», <https://greenkitchenstories.com/tahini-rye-cookies/>.

Gamaza, Ricardo (2014), «Mentiras de etiqueta: la falsa Stevia», El Huffington Post, <https://www.huffingtonpost.es/ricardo-gamaza/mentiras-de-etiqueta-la_b_5841358.html>.

García-Almeida, J. M., Gracia M.ª Casado Fdez. y J. García Alemán (2013), «Una visión global y actual de los edulcorantes. Aspectos de regulación», Nutrición hospitalaria, <http://scielo.isciii.es/scielo.php?script=sci_arttext&pid=S0212-16112013001000003>.

García Bello, Déborah (2018), «Aunque tengas colesterol, podrás desayunar huevos», Cuadernos de Cultura Científica, <https://culturacientifica.com/2018/02/22/aunque-tengas-colesterol-podras-desayunar-huevos/>.

García Bello, Déborah (2017), «Azúcar moreno, ¿mejor que el azúcar blanco?», Cuadernos de Cultura Científica, <https://culturacientifica.com/2017/06/15/azucar-moreno-mejor-azucar-blanco/>.

García Bello, Déborah (2017), «Miel y siropes, ¿mejores que el azúcar?», Cuadernos de Cultura Científica, <https://culturacientifica.com/2017/06/29/miel-siropes-mejores-azucar/>.

González, Teba (2010), «Azúcar y edulcorantes para hornear», <http://www.lachicadelasrecetas.com/2010/09/azucar-y-edulcorantes-para-hornear.html>.

González, Teba (2012), «Empanadico de calabaza», <http://www.lachicadelasrecetas.com/2012/03/empanadico-de-calabaza.html>.

Harvard Health Publishing, Harvard Medical School (2018), «Glycemic index for 60+ foods. Measuring carbohydrate effects can help glucose management», <https://www.health.harvard.edu/diseases-and-conditions/glycemic-index-and-glycemic-load-for-100-foods>.

Harvard Health Publishing, Harvard Medical School, Harvard Heart Letter (2010), «Ask the doctor: Are raw oats better than cooked oats?», <https://www.health.harvard.edu/newsletter_article/are-raw-oats-better-than-cooked-oats>.

King Arthur Flour (2014), «100% whole wheat cinnamon swirl bread», <https://www.kingarthurflour.com/recipes/100-whole-wheat-cinnamon-swirl-bread-recipe>.

Martínez, Lucía (2015), «Cómo hacer helados caseros saludables y al momento», <https://www.dimequecomes.com/2015/07/como-hacer-helados-caseros-saludables-y.html>.

Ministerio de Agricultura, Pesca y Alimentación, «Tortas de aceite de Castilleja de la Cuesta. Especialidades Tradicionales Garantizadas», <https://www.mapa.gob.es/es/alimentacion/temas/calidad-agroalimentaria/calidad-diferenciada/especialidades-tradicionales-garantizadas/tortas_de_aceite_de_castilleja_de_la_cuesta.aspx>.

Murillo, Serafín (2012), «El índice glucémico de los alimentos», Fundación para la Diabetes, <https://www.fundaciondiabetes.org/general/articulo/47/el-indice-glucemico-de-los-alimentos>.

Olsen, Natalie (2018), «The best sugar substitutes for people with diabetes», <https://www.healthline.com/health/type-2-diabetes/diabetes-stevia>.

Organización Mundial de la Salud (2015), «Nota informativa sobre la ingesta de azúcares recomendada en la directriz de la OMS para adultos y niños», <https://www.who.int/nutrition/publications/guidelines/sugar_intake_information_note_es.pdf?ua=1>.

Polioles.com (2019), «Preguntas frecuentes», <https://datossobrelospolioles.com/frequently-asked-questions/>.

Real Academia Española, Diccionario de la Lengua Española, <https://dle.rae.es/>.

Revenga, Juan (2016), «Cuando una imagen vale más que mil palabras: azúcar vs. azucarantes», <https://juanrevenga.com/2016/03/cuando-una-imagen-vale-mas-que-mil-palabras-azucar-vs-azucarantes/>.

Revenga, Juan (2016), «¿Existen las alternativas sanas al azúcar?», El Comidista, <https://elcomidista.elpais.com/elcomidista/2016/02/25/articulo/1456400448_908284.html>.

Revenga, Juan (2016), «Si no quieres que demonice al azúcar, no sigas estrategias tan diabólicas», <https://juanrevenga.com/2016/10/si-no-quieres-que-demonice-al-azucar-no-sigas-estrategias-tan-diabolicas/>.

Rodella, Francesco (2018), «La farsa de los superalimentos», El País, <https://elpais.com/elpais/2018/08/31/ciencia/1535714786_536847.html>.

Sánchez García, Aitor (2017), «Desayunos saludables para niños, ¿por dónde empiezo?», <https://www.midietacojea.com/2017/10/26/desayunos-saludables-para-ninos-por-donde-empiezo/>.

Sánchez García, Aitor (2013), «Lo "natural" de la Stevia (Quimiofobia del E-960)», <https://www.midietacojea.com/2013/07/08/lo-natural-de-la-stevia-quimifobia-del-e-960/>.

Sánchez García, Aitor (2015), «Mentiras científicas del azúcar. El negocio millonario de ocultar sus efectos a la población», <https://www.midietacojea.com/2015/03/20/mentiras-cientificas-del-azucar-el-negocio-millonario-de-ocultar-sus-efectos-a-la-poblacion/>.

Schatzel, J. (2018), «10 substitutes for butter in baking», <https://delishably.com/dairy/Substitutes-for-Butter-in-Baking>.

Science of Cooking, «How to prevent ice crystals from forming in sorbet and ice creams», <https://www.scienceofcooking.com/how_to_prevent_ice_crystals_in_sorbet.htm>.

SinAzúcar.org, «Azúcar libre», <https://www.sinazucar.org/azucar-libre/>.

Sugar and Sweetener Guide, «Glycemic index for sweeteners», <http://www.sugar-and-sweetener-guide.com/glycemic-index-for-sweeteners.html>.

UNED (2019), «Guía de Alimentación y Salud. Guía de nutrición. El valor energético de los alimentos», <https://www2.uned.es/pea-nutricion-y-dietetica-I/guia/guia_nutricion/el_valor_energetico.htm>.

Wanjek, Christopher (2012), «When dieting, not all calories are created equal», <https://www.scientificamerican.com/article/when-dieting-not-all-calo/>.

Wikipedia (2019), «Stevia rebaudiana», <https://es.wikipedia.org/wiki/Stevia_rebaudiana>.

Índice de ingredientes

acefulsamo potásico, 21
aceite de oliva, 78, 88, 110, 116, 118, 138, 148, 154, 158, 160, 164
    suave, 50, 58, 92, 94, 104, 106, 126, 128, 130, 136
    virgen, 56, 122, 150, 152, 162
    virgen extra, 29, 30, 56
    virgen suave, 72, 84, 108
aguacate, 14, 25, 76, 132, 134, 180
ajonjolí, 152
albaricoque, 44
almendra, 46, 52, 74, 84, 94, 98
    manteca de, 52
    molida, 126, 128
    picada, 58, 80, 122
almíbar, 52
almidón de maíz, 42, 54, 62
amapola, semillas de, 94, 150
anacardos, 94
    manteca de, 70
anís
    en grano, 56, 68, 72, 152
    esencia de, 152
    licor de, 152
    semillas de, 154
arándanos, 42
    secos, 94, 150
aspartamo, 21
avellanas, 94
    manteca de, 52
    tostadas, 98
avena
    copos de, 58, 82, 86, 88, 108, 112
    integral, 96
    integral, copos de, 94
azúcar blanco, 22

bicarbonato sódico, 166

cacahuetes, 98
cacao en polvo, 34, 52, 74, 76, 82, 98, 102, 120, 130, 134, 172
café cargado, 174
calabacín rallado, 136

calabaza
    pipas de, 33, 94
    semillas de, 150
canela molida, 31, 35, 46, 50, 56, 58, 62, 74, 80, 84, 86, 92, 94, 100, 102, 108, 110, 112, 116, 118, 122, 124, 136, 172
cardamomo
    molido, 164
    vainas de, 174
castañas asadas, 146
cerezas, 42, 56, 60
chía, semillas de, 13, 34
chile en polvo, 74
chocolate sin azúcar, 70, 76, 78, 94, 130, 170
ciclamato sódico, 21
ciruelas rojas, 42
clavo molido, 31, 124
crema de avellanas con chocolate, 170
crema de leche, 172
cúrcuma, 182
curry, 74

dátiles, 22, 23, 31, 35, 46, 74, 78, 80, 96, 116, 120, 124, 130, 134, 148, 184

eritritol, 21
estevia, 23, 29, 31, 42, 48, 82, 102, 118, 148, 174, 176, 180, 182
    líquida, 34, 46, 56, 60, 64, 68, 76, 98, 158, 160, 162, 170, 178

esteviósidos, 21

fructosa, 21
fruta madura, 34
    de carne firme, 100
frutas secas, 96
frutos rojos, 58, 62, 64, 112, 116, 128, 176
frutos secos, 96, 116
    manteca de, 76, 80, 170, 184

gelatina, 64
girasol, pipas de, 33, 94, 150

harina blanca de trigo, 35, 68, 84
harina de alforfón, 38
harina de algarroba, 30, 38
harina de arroz integral, 72
harina de castaña, 146
harina de fuerza, 142
    blanca, 148, 154, 158
    integral, 146, 148, 154, 158, 164, 166
harina floja, 142
harina integral, 29, 30, 50, 56, 58, 60, 68, 70, 76, 80, 88, 110, 116, 122, 124, 126, 130, 132, 150, 152, 156, 162, 166
    centeno, 38, 58, 72, 78, 92, 104, 108, 118, 120, 128, 134, 136
    espelta, 38, 92, 162
    floja, 160
    trigo, 38, 58, 72, 78, 84, 86, 92, 106, 108, 118, 120, 134, 136
    trigo sarraceno, 92, 106
    tritordeum, 38, 72
harina panificable, 142, 146, 156
higos secos, 68

huevo, 50, 52, 60, 62, 68, 70, 78, 80, 104, 106, 110, 116, 118, 120, 122, 126, 130, 132, 134, 136, 150, 156, 160, 164
   batido, 54, 56
   claras de, 128
   yemas de, 35, 72, 172

isomaltitol, 21

lactitol, 21
leche
   crema de, 172
   de coco, 186
   en polvo, 32, 148
   entera, 32, 35, 50, 52, 60, 76, 88, 104, 106, 110, 112, 116, 118, 120, 124, 130, 132, 148, 150, 154, 156, 158, 160, 164, 166, 180, 184
   evaporada, 60, 172, 174, 180
   semidesnatada, 32, 106
levadura
   de panadería, 39
   de panadería liofilizada, 148, 152, 154, 156, 158, 160, 162, 166
   de panadero seca, 146
   química, 39, 50, 58, 68, 70, 76, 78, 80, 86, 88, 92, 104, 108, 110, 116, 118, 120, 122, 124, 126, 130, 132, 134, 136, 150, 158
lima, zumo de, 180
limón, 50, 92, 178
   ralladura de, 72, 116
   zumo de, 31, 34, 46, 54, 56, 58, 100, 132, 138, 176, 180, 182, 186
lino, semillas de, 150

maicena, 180, 184
maíz, almidón de, 42, 54, 62
maltitol, 21

mango, 178, 182, 186
manitol, 21
manteca
   de anacardos, 70
   de cacao, 34, 74, 82, 98
   de frutos secos, 76, 80, 170, 184
   de nueces, 68, 70
mantequilla, 24-25, 32
manzana, 25, 44, 50, 56, 58, 86, 92, 118
   compota densa de, 31, 86, 94, 96, 108, 110, 118, 122, 136
   dulce, 46, 62
masa quebrada
   con aceite, 52, 54, 62, 64
   con algarroba, 42, 52, 64
   integral, 44
melocotón, 44, 58, 92, 126

naranja, 138
   piel de, 56
   ralladura de, 48, 154
   sanguina, 178
   zumo de, 48, 148, 154
nata, 172
nata líquida, 32
neohesperidina, 21
nueces
   manteca de, 68, 70
   partidas, 124
   peladas, 94
   picadas, 68, 122
nuez moscada, 110, 124, 136

orejones, 68, 96

pasas, 80, 94, 116
patata, copos de puré de, 148
pera, 48, 54, 58, 92
pimienta de Jamaica molida, 74

piña, 178, 186
piñones, 94
plátano, 52, 64, 104, 132, 170

remolacha cruda rallada, 130

sacarina, 21
sacarosa, 21
sésamo, 152
   semillas de, 78, 84
sorbitol, 21
sucralosa, 21, 23, 29, 31, 34, 44, 48, 52

tagatosa, 21, 23, 44
tahini, 78
taumatina, 21
té verde, 48

uvas tintas, 42

vainilla
   en polvo, 102
   extracto de, 35, 38, 50, 52, 54, 58, 60, 64, 74, 104, 112, 122, 126, 128, 132, 134, 160, 172, 180, 184
   vaina de, 52, 54, 60, 64, 74, 102, 128, 172

xantana, goma, 178
xilitol (azúcar de abedul), 21, 23, 29, 34, 44, 52, 72

yogur griego, 25, 32, 46, 64, 86, 98, 116, 122, 184
   espeso desuerado, 176, 182
yogur líquido, 126
yogur natural sin endulzar, 138, 158

zanahoria rallada, 124